suhrkamp taschenbuch 2685

Fünfmal hat J. M. Synge zwischen 1898 und 1902 die drei an der Westküste Irlands vor Galway liegenden Aran-Inseln besucht. Während seiner Aufenthalte hat er eng mit den Fischern und Bauern der Insel zusammengelebt, ihr einfaches Leben geteilt, hat ihre gälische Sprache gelernt und ihren Geschichten und Märchen gelauscht. Schließlich hat er seine Erlebnisse in seinem Bericht über die Aran-Inseln zusammengefaßt, hat die karge Landschaft der Inseln ebenso beschrieben wie die fremdartige Schönheit der Frauen, die banalen Ereignisse des täglichen Lebens der Menschen ebenso wie ihre Geschichten von Feen und anderen Fabelwesen. J. M. Synges Buch, poetische Geschichtsschreibung und ethnologische Feldforschung zugleich, ist eine Einladung, keltisch-irische Geschichte und Mythologie kennenzulernen.

J. M. Synge ist 1871 in Dublin geboren und 1909 dort gestorben. Er studierte Musiktheorie und Geige und war bis zum Jahre 1898 unschlüssig, ob er Musiker oder Schriftsteller werden sollte. Er ist einer der bedeutendsten Dramatiker des Jahrhunderts.

John Millington Synge
Die Aran-Inseln

Aus dem Englischen übertragen
und mit einem Nachwort versehen
von Christian Grote

Suhrkamp

Titel der englischen Originalausgabe:
The Aran Islands
Umschlagfoto: Stephan Erfurt

suhrkamp taschenbuch 2685
Erste Auflage 1996

Druck: Nomos Verlagsgesellschaft, Baden-Baden
Printed in Germany
Umschlag nach Entwürfen von
Willy Fleckhaus und Rolf Staudt

1 2 3 4 5 6 – 01 00 99 98 97 96

Die Aran-Inseln

Vorwort des Autors

Die geographische Lage der Aran-Inseln ist sehr einfach, dennoch mag ein Wort dazu nötig sein. Es sind drei Inseln: Aranmor, die nördliche Insel mit etwa fünfzehn Kilometer Länge, Inishmaan, die mittlere Insel, sie hat einen Durchmesser von etwa sechs Kilometern und ist fast rund; und die südliche Insel, Inishere – auf Irisch: östliche Insel –, sie gleicht der mittleren Insel, ist aber etwas kleiner. Sie liegen etwa fünfzig Kilometer vor Galway, in der oberen Hälfte der Bucht, sind jedoch im Süden nicht weit von den Klippen der Grafschaft Clare und im Norden nicht weit von der Spitze von Connemara antfernt.

Kilronan, das Hauptdorf auf Aranmor, hat sich durch die Fischindustrie, die dort vom »Congested Districts Board«* entwickelt worden ist, so sehr verändert, daß es sich heute nur noch wenig von einem beliebigen Fischerdorf an der Westküste Irlands unterscheidet. Die anderen Inseln sind ursprünglicher, doch auf ihnen hat sich vieles verändert, was zu beschreiben nicht lohnte.

Auf den folgenden Seiten habe ich einen unmittelbaren Bericht über mein Leben auf den Inseln gegeben und alles aufgeschrieben, was mir dort begegnete. Ich

* Das »Amt für übervölkerte Gebiete« wurde 1891 durch den »Land Purchase Act« ins Leben gerufen und dazu ermächtigt, durch die Aufteilung großer Güter die kleinen Pachtgüter lebensfähig zu machen, die Bevölkerung in Gebiete umzusiedeln, wo ihre Möglichkeiten größer waren, und örtliche Industriezweige ins Leben zu rufen oder bestehende zu fördern. Es sollte jede Art von Tätigkeit unterstützt werden, die das Los der hungernden Landbevölkerung verbessern konnte. (Anm. d. Ü.)

habe nichts erfunden und nichts Wesentliches verändert. Ich habe jedoch so weit wie möglich die Identität der Menschen, von denen ich spreche, verwischt, indem ich die Namen wie auch die angeführten Briefe geändert habe. Geändert habe ich weiter einige Orts- und Familienbeziehungen. Ich hätte zwar nichts Ungünstiges über sie zu berichten gehabt, habe aber diese Änderungen vorgenommen, um bei ihnen keinesfalls das Gefühl entstehen zu lassen, ich hätte ihre Güte und Freundschaft zu direkt ausgenützt. Und für dieses beides bin ich ihnen dankbarer als sich ausdrücken läßt.

I

Ich bin in Aranmor, sitze an einem Torffeuer und höre dem gedämpften Gälisch zu, das aus einem kleinen Gasthaus unter mir heraufdringt.

Der Dampfer, der Aran anläuft, ist von der Flut abhängig, und deshalb war es sechs Uhr heute früh, als wir in dichten Nebel eingehüllt die Mole von Galway verließen.

Zunächst war auf der rechten Seite noch eine niedrige Küstenlinie zwischen den Bewegungen der Wellen und des Nebels zu erkennen, aber nach weiterer Fahrt verlor sie sich wieder, und nichts war mehr zu sehen als der in der Takelage wogende Nebeldunst und ein wenig vom Meer ringsum. Nur wenige Passagiere waren an Bord; einige Männer mit lose in Säcken eingebundenen Ferkeln, drei oder vier junge Mädchen, die in der Kabine saßen und die Köpfe völlig in ihre Tücher gewickelt hatten, und ein Maurermeister, der die Mole von Kilronan reparieren sollte. Er ging auf und ab und unterhielt sich mit mir.

Nach etwa drei Stunden kam Aran in Sicht. Das erste war ein trauriger Fels, der sich vom Meer in den Nebel erhob. Dann beim Näherkommen eine Küstenwachstation und das Dorf.

Etwas später wanderte ich die einzige gute Straße der Insel entlang, sah über niedrige Wälle zu beiden Seiten hinweg auf kleine flache Felder aus nackten Felsen. Ich habe nie so etwas Trostloses gesehen. Graue Wasserfluten ergossen sich überall auf den Kalkstein und verwandelten die Straße manchmal in einen wilden Fluß. Diese zog sich in Windungen über niedrige

Hügel und Felssenken hin zwischen ein paar kleinen Kartoffelfeldern und grasigen Flecken an geschützten Stellen. Wenn sich die Wolken einmal hoben, konnte ich tief unter mir zu meiner Rechten den Saum des Meeres sehen und auf der anderen Seite die kahle Höhe der Insel über mir. Gelegentlich kam ich an einer einsamen Kapelle oder an einem Schulhaus vorbei, dann an Reihen steinerner Säulen mit Kreuzen darauf und Inschriften mit der Bitte um ein Gebet für die Seele des Menschen, zu dessen Gedächtnis sie errichtet worden waren. Ich traf nur wenige Menschen. Dann und wann aber begegnete mir eine Gruppe großgewachsener Mädchen auf dem Weg nach Kilronan. Sie riefen mich belustigt und verwundert an, in fremdartig klingendem Englisch, das sich ziemlich stark vom irischen Akzent Galways unterschied. Regen und Kälte schienen ihrer Lebendigkeit nichts anhaben zu können, und als sie dann mit lebhaftem Gelächter und vielen gälischen Reden an mir vorbei waren, wirkten die nassen Felsmassen noch öder als zuvor.

Auf dem Rückweg kurz nach Mittag sprach ein alter halb blinder Mann auf Gälisch mit mir, und ich staunte über die Fülle und den Fluß der fremden Sprache.

Der Regen hielt auch am Nachmittag an, so daß ich hier im Gasthaus sitzen blieb und durch den Dunst einigen Männern zusah, die Kähne mit Torf von Connemara entluden. In der Brandung spielten die langbeinigen Schweine. In dem Gasthaus unter meinem Zimmer kamen und gingen die Fischer, und ich konnte durch die zerbrochenen Scheiben hören, daß manche von ihnen noch Gälisch sprachen, obgleich es unter

den Jüngeren des Dorfes außer Gebrauch zu kommen scheint.
Die alte Frau aus dem Haus hatte versprochen, mir einen Lehrer für diese Sprache ausfindig zu machen, und nach einiger Zeit hörte ich ein Schlurfen auf den Stufen, und der alte blinde Mann, mit dem ich am Morgen gesprochen hatte, suchte sich tastend seinen Weg ins Zimmer. Ich brachte ihn zum Feuer hinüber, und wir redeten viele Stunden lang. Er erzählte mir, daß er Petrie und Sir William Wilde und viele andere noch lebende Altertumsforscher gekannt habe, daß er Dr. Finck und Dr. Pedersen in Irisch unterrichtet und einem Mr. Curtin aus Amerika Geschichten geliefert habe. In seinen mittleren Jahren war er über eine Klippe hinabgefallen, hatte seither nur noch schlecht gesehen und mit Händen und Kopf gezittert.
Während unserer Unterhaltung saß er zusammengekauert am Feuer, zitternd und blind, und doch war sein Mienenspiel unbeschreiblich lebendig, und das Gesicht leuchtete immer dann in begeistertem Spaß auf, wenn er mir irgend etwas mit witziger oder boshafter Pointe erzählte. Sein Gesicht wurde wieder düster und leer, wenn er über Religion oder über die Elfen sprach.
Er war sich seiner Wirkung und Begabung sehr sicher und zudem von der Überlegenheit seiner Geschichten vor allen anderen in der Welt überzeugt. Als wir über Mr. Curtin sprachen, sagte er, dieser Herr habe einen Band mit seinen Geschichten von Aran in Amerika herausgebracht und damit fünfhundert Pfund verdient.

»Und was glaubst du tat er dann«, fuhr er fort, »er schrieb selbst ein Buch von Geschichten, nachdem er diesen Haufen Geld mit den meinen verdient hatte, und er brachte das Buch heraus, und nicht einen verdammten Pfennig hat er dafür bekommen. Kaum zu glauben, nicht?«

Danach erzählte er, wie eines seiner Kinder von den Elfen geholt wurde.

Eines Tages kam eine Nachbarin vorbei, und sie sagte, als sie das Kind auf der Straße sah: »Das ist ein schönes Kind.« Seine Mutter versuchte zu sagen: »Gott segne es«, aber irgend etwas erstickte ihr die Worte in der Kehle. Etwas später fanden sie eine Wunde am Hals des Kindes, und drei Nächte lang war das Haus voller Lärm. »Nie trage ich nachts ein Hemd«, sagte er, »aber ich bin aus meinem Bett aufgestanden, so ganz nackt wie ich war, als ich den Lärm im Hause hörte, und ein Licht machte ich an, aber da war nichts.« Dann kam ein Dummy und machte Zeichen, wie wenn Nägel in einen Sarg geschlagen werden.

Den nächsten Tag waren die Saatkartoffeln voller Blut, und das Kind sagte seiner Mutter, es werde nach Amerika gehen. In der folgenden Nacht starb es, und »Glaube mir«, sagte der alte Mann, »in ihm waren die Elfen.«

Als er gegangen war, wurde mir ein kleines barfüßiges Mädchen mit Torf und Blasebalg heraufgeschickt, um ein Feuer zu machen, das den Abend über halten würde. Sie war scheu, wollte aber trotzdem gerne mit mir reden und sagte, sie könne gut Irisch sprechen und lerne in der Schule, es zu lesen. Zweimal sei sie schon in Galway gewesen. Dabei gibt es viele erwachsene

Frauen hier, die nie den Fuß auf das Festland gesetzt haben.

Der Regen ist abgezogen, und ich habe einen ersten wirklichen Eindruck von der Insel und ihren Menschen bekommen.
Ich ging durch Killeany – das ärmste Dorf von Aranmor – hinaus zu einer langen Düne, die gegen Südwesten zu in die See hinausläuft. Als ich dort im Gras lag, hoben sich die Wolken von den Bergen Connemaras, und einen Augenblick lang erinnerte mich der grüne wellige, in der Ferne von einer Kette von Hügeln begrenzte Vordergrund an das Land um Rom. Dann glitt das schwarzbraune Topsegel eines Hukers den Rand der Düne entlang und brachte die See in mein Bewußtsein zurück.
Als ich weiterging, kamen ein Junge und ein Mann vom nächsten Dorf herbei, um mit mir zu reden, und ich merkte, daß man Englisch zumindest hier nur noch unvollkommen verstand. Als ich die beiden fragte, ob es Bäume auf der Insel gebe, besprachen sie sich eilig auf Gälisch, und dann fragte der Mann zurück, ob »Baum« das gleiche wie »Busch« bedeute. Wenn ja, dann gebe es einige Bäume in geschützten Senken im Osten.
Sie gingen mit mir weiter zum Sund, der diese Insel von Inishmaan – die mittlere der Inselgruppe – trennt, und zeigten mir die Wogen vom Atlantik her, die zwischen zwei Klippenwänden aufliefen. Sie erzählten mir, einige Leute seien auf Inishmaan gewesen, um Irisch zu lernen, und der Junge wies auf eine Reihe Hütten, die sich wie ein Gürtel von Stroh um die Mitte der Insel zogen und in denen sie gelebt hätten.

Der Platz sah nicht sehr bewohnbar aus. Nichts Grünes war zu sehen, und es gab keine Anzeichen von Menschen, nur die bienenkorbartigen Dächer und der Umriß eines Dun, einer keltischen Befestigung, der sich über den Dächern gegen den Himmel abhob.

Nach einer Weile verließen mich meine beiden Begleiter. Jetzt kamen zwei Jungen und folgten mir so lange auf den Fersen, bis ich mich umdrehte und sie dadurch zwang, mich anzusprechen. Zuerst redeten sie von ihrer Armut, dann sagte der eine von ihnen:

»Wetten möchte ich, daß du zehn Shilling für eine Woche im Hotel bezahlst.«

»Mehr«, antwortete ich.

»Zwölf?«

»Mehr.«

»Fünfzehn?«

»Noch mehr.«

Da stockte er und fragte nicht weiter, entweder weil er meinte, ich sagte nicht die Wahrheit, wegen seiner Neugier, oder weil er über einen solchen Reichtum so sehr erschrak, daß er nicht weiterfragen konnte.

Auf meinem Rückweg durch Killeany stieß ein Mann zu mir, der zwanzig Jahre in Amerika gelebt hatte. Dort war er krank geworden und dann zurückgekommen. Das war schon so lange her, daß er sein Englisch vergessen hatte und ich ihn kaum verstehen konnte. Er schien sich keine Hoffnungen mehr zu machen und war schmutzig und asthmatisch. Nach einigen hundert Metern blieb er stehen und bat um ein paar Kupfermünzen. Ich hatte keine mehr, darum gab ich ihm eine Pfeife voll Tabak, und er ging zu seiner Hütte zurück.

Als er fort war, bezogen zwei kleine Mädchen ihre Plätze hinter mir, und ich zog sie abwechselnd ins Gespräch. Sie redeten in einem schönen, leicht fremdartigen Tonfall und erzählten mir in einer Art Singsang, wie sie im Sommer »ladies and gintlemins« zu allen Sehenswürdigkeiten der Umgebung führen und ihnen Pampooties und Frauenhaar-Farn verkaufen, der zwischen den Felsen häufig ist.
Inzwischen waren wir wieder in Kilronan, und als wir uns trennten, zeigten sie mir die Löcher in ihren Pampooties, den Sandalen aus Kuhfell, und baten mich um Geld für neue. Ich sagte ihnen, meine Tasche sei leer. Mit ein paar seltsamen Segensworten wandten sie sich ab und gingen zur Mole hinunter. Auf dem ganzen Weg zurück war es besonders schön. Diese intensive insulare Klarheit der Luft, die man nur in Irland sieht und nur nach Regen, ließ jedes Gekräusel auf Meer und Himmel und jeden Einschnitt der Hügel jenseits der Bucht deutlich werden.

Heute abend kam ein alter Mann zu mir und sagte, er habe einen Verwandten von mir gekannt, der vor dreiundvierzig Jahren einige Zeit auf dieser Insel verbracht habe.
»Ich stand unter der Mauer der Mole und flickte Netze«, sagte er, »als du vom Dampfer kamst, und ich sagte zu mir selbst in diesem Augenblick, wenn auf dieser Welt noch ein Mann einhergeht, der Synge heißt, ist es dieser Mann dort, und nur der wird es sein.« Er fuhr fort, sich in eigenartig einfacher, jedoch würdevoller Sprache über die Veränderungen zu beklagen, die hier eingetreten waren, seit er in

seiner Jugend die Insel verlassen hatte, um zur See zu gehen.

»Ich bin zurückgekommen«, sagte er, »um mit meiner Schwester zusammen in einem Loch von Haus zu leben. Die Insel ist gar nicht mehr das, was sie war. Nichts Gutes kommt mehr von den Leuten, die jetzt hier leben, und das, was ich ihnen zu geben habe, wollen sie nicht haben.«

Wie man mir sagt, scheint sich dieser Mann in eine Welt eigener Ideen und Theorien eingeschlossen zu haben. Er lebt abseits, flickt Netze und wird von den anderen Inselbewohnern mit Respekt und halbironischer Sympathie angesehen.

Als ich etwas später in die Küche hinunterkam, fand ich dort zwei Männer aus Inishmaan, die auf der Insel von der Nacht überrascht worden waren. Sie machten einen einfacheren und deshalb vielleicht auch interessanteren Eindruck als die Leute hier, und sie redeten in sorgfältigem Englisch über die Geschichte der Duns, über das Book of Ballymote, das Book of Kells und andere alte Handschriften, mit deren Namen sie vertraut zu sein schienen.

Trotz des Zaubers meines Lehrers, des alten blinden Mannes, den ich am Tag meiner Ankunft traf, habe ich mich entschlossen, nach Inishmaan zu gehen, wo die gälische Sprache noch mehr gesprochen wird. Und das Leben dort ist wohl das primitivste, das es noch in Europa gibt.

Ich habe diesen letzten Tag ganz mit meinem blinden Lehrer verbracht und mir die vielen Altertümer im Norden und Nordwesten der Insel angesehen.

Als wir aufbrachen, fiel mir unter den Gruppen von

Mädchen, die über uns zwei lachten – der alte Mourteen sagt, wir sehen aus wie ein Kuckuck mit seinem Pieper –, ein schönes, ovales Gesicht auf, das den einzigartigen geistigen Ausdruck trug, der so bezeichnend ist für einen bestimmten Typ der westirischen Frauen. Und als der Alte später am Tag fortwährend von den Elfen sprach und von den Frauen, die sie geholt haben, schien mir eine Beziehung zu bestehen zwischen der wilden Mythologie, die auf der Insel verbreitet ist, und der fremdartigen Schönheit dieser Frauen.

Mittags rasteten wir nahe den Trümmern eines Hauses. Zwei hübsche Jungen kamen heran und setzten sich in unsere Nähe. Der alte Mourteen fragte sie, warum das Haus zerfallen sei und wer darin gewohnt habe. »Ein reicher Bauer baute es vor einiger Zeit«, sagten sie, »aber nach zwei Jahren wurde er von dem Heer der Elfen vertrieben.«

Die Jungen begleiteten uns noch ein Stück Weges nach Norden, wo wir eine dieser alten, bienenkorbartigen Behausungen ansehen wollten, die noch völlig erhalten ist. Als wir auf Händen und Füßen hineingekrochen waren und uns im Halbdunkeln des Inneren aufrichteten, begann der alte Mourteen in einem Anfall derben Humors zu erzählen, was er getan hätte, wenn er als junger Mann hierhergekommen und ein junges Mädchen bei ihm gewesen wäre.

Dann setzte er sich in der Mitte des Bodens nieder und begann alte irische Dichtung zu rezitieren, und dies in so außergewöhnlich reinem Ton, daß es mir die Tränen in die Augen trieb, obgleich ich nur wenig vom Inhalt verstand.

Auf dem Heimweg gab er mir die katholische Erklärung für die Entstehung der Elfen: Als Luzifer sich im Spiegel sah, glaubte er, Gott gleich zu sein. Da warf ihn Gott aus dem Himmel und mit ihm alle Engel, die zu Luzifer gehörten. Während Er sie hinauswarf, bat Ihn ein Erzengel, doch einige von ihnen zu verschonen. Diejenigen, die da noch im Fall waren, sind nun noch in der Luft, und sie haben die Macht, Schiffe zu zerstören und überhaupt Böses auf der Welt anzurichten.
Dann kam er auf endlose theologische Dinge und wiederholte auf Irisch viele lange Gebete und Predigten, die er von den Priestern gehört hatte.
Nach kurzer Zeit kamen wir zu einem mit Schiefer gedeckten Haus, und ich fragte ihn, wer darin lebe.
»Irgend so eine Lehrerin«, sagte er, dann zog er sein altes Gesicht in Falten und strahlte in heidnischer Bosheit. »Ach«, sagte er, »wäre es nicht herrlich, jetzt dort bei ihr zu sein und sie zu küssen?«
Einige Meilen nach diesem Dorf bogen wir vom Weg ab, um eine alte, zerfallene Kirche der »Ceathair Aluinn«, der Vier Schönen Personen, anzusehen und nahebei eine heilige Quelle, die berühmt ist für Heilung von Blindheit und Epilepsie. Als wir an der Quelle saßen, kam ein alter Mann von einem Haus an der Straße heran und erzählte mir, wie diese Quelle berühmt geworden war.

Eine Frau aus Sligo hatte einen Sohn, der blind geboren worden war. Eines Nachts träumte sie, sie sähe eine Insel mit einer geweihten Quelle, die ihren Sohn heilen konnte. Sie erzählte von ihrem Traum am Mor-

gen danach, und ein alter Mann sagte, Aran sei die Insel, von der sie geträumt habe. Sie brachte ihren Sohn die Küste hinab nach Galway und fuhr in einer Curagh hinüber und landete dort unten, wo man so etwas wie eine Bucht sieht.

Dann ging sie zum Haus meines Vaters – Gott sei seiner Seele gnädig – und sie erzählte ihm, was sie suchte.

Mein Vater sagte, daß es eine Quelle gebe wie die, von der sie geträumt habe, und daß er ihr einen Jungen mitgeben würde, ihr den Weg zu zeigen.

»Das ist gar nicht nötig«, sagte sie, »habe ich nicht dies alles in meinem Traum gesehen?«

Dann ging sie mit dem Kind hinaus, kam an diese Quelle, und sie kniete nieder und begann, ihre Gebete zu sprechen. Dann schöpfte sie das Wasser mit ihrer Hand, tat es auf seine Augen, und in dem Augenblick, als es ihn berührte, rief er: »O Mutter, sieh dort die schönen Blumen!«

Dann schilderte Mourteen seine Großtaten beim Saufen von schwarzgebranntem Whisky und bei den Schlägereien, die er in seiner Jugend vollbracht hatte, erzählte weiter von Diarmid, der nach Samson der stärkste Mann war, und von einer der Lagerstätten von Diarmid und Grainne im Osten der Insel. Diarmid sei von den Druiden getötet worden, die ihm ein brennendes Hemd anzogen, sagte er – ein Stück Mythologie, das Diarmid vielleicht mit der Geschichte des Herkules in Verbindung bringt, falls dies nicht einer »gelehrten« Ballade irgendeines irischen Schulmeisters zuzuschreiben ist.

Dann sprachen wir über Inishmaan.
»Du wirst da drüben einen alten Mann finden«, sagte er, »der mit dir sprechen und dir Geschichten von den Elfen erzählen wird, aber er geht mit zwei Stöcken unter sich umher schon seit zehn Jahren. Hast du je gehört, was das ist, das auf vier Beinen geht, wenn es jung ist, und auf zwei Beinen danach und dann auf dreien, wenn es alt ist?« Ich sagte ihm die Lösung. »Oh, Herr«, erwiderte er, »du bist aber ein Scharfsinniger, und Gottes Segen sei auf dir. Gut, ich bin auf drei Beinen jetzt, aber der alte Mann drüben ist wieder auf vieren. Ich weiß nicht, ob ich es besser habe als er – er hat seine Augen, und ich bin nur ein alter, blinder Mann.«

Ich habe mich nun in einem kleinen Haus auf Inishmaan eingerichtet. Ein andauerndes Gemurmel von Gälisch dringt von der Küche herüber, die an mein Zimmer anschließt.
Heute früh kam der Herr des Hauses herüber, um mich mit einer vierruderigen Curagh abzuholen – einer Curagh mit vier Ruderern und vier Rudern auf jeder Seite, da jeder Mann zwei Ruder benutzt. Wir fuhren kurz vor Mittag ab. Einen Augenblick lang freute ich mich sehr darüber, mich in diesem einfachen Segeltuch-Kanu von der Zivilisation wegzubewegen, in einem Boot, wie es den primitiven Völkern gedient hat, seit die Menschen das erste Mal zur See fuhren.
Wir mußten kurz an einem Schiffsrumpf halten, der zu irgendwelchen Vorbereitungen für das Einsalzen der Fische für die Mittelinsel in der Bucht verankert

ist, und sobald wir auf Hörweite herangekommen waren, schrie meine Mannschaft, sie hätte jemanden bei sich, der heute vor einem Monat noch in Frankreich gewesen sei.

Als wir wieder ablegten, wurde ein kleines Segel am Bug gehißt, und wir machten uns auf den Weg über den Sund mit einer sprungartigen Schwingung, die keine Ähnlichkeit mit den schweren Bewegungen eines Schiffes hatte. Das Segel wird nur als Hilfe benutzt, so daß die Männer weiter ruderten, nachdem es aufgezogen war, und da sie die vier Querbänke besetzten, lag ich im Heck auf dem Segeltuch und auf dem Rahmen dünner Spanten, die sich bogen und zitterten, wenn die Wellen unter ihnen durchliefen.

Wir waren an einem strahlenden Aprilmorgen aufgebrochen, und die grünen funkelnden Wogen schienen sich das Boot zuzuspielen. Als wir uns jedoch dieser Insel näherten, brach plötzlich ein Gewitter hinter den Felsen hervor und brachte für kurze Zeit Aufruhr in diesen stillen Strich des Meeres.

Wir landeten an einer kleinen Mole, von der ein einfacher Pfad zum Dorf zwischen den gleichen kleinen Feldern und öden Felsflächen wie in Aranmor hinaufführt. Der jüngste Sohn meines Bootsführers, ein Junge von etwa siebzehn Jahren, der mein Lehrer und Führer sein soll, wartete an der Mole auf mich und führte mich zum Haus, während die Männer die Curagh versorgten und langsam mit meinem Gepäck folgten.

Mein Zimmer befindet sich am Ende des Hauses, hat einen gedielten Boden, eine verschalte Decke und zwei sich gegenüberliegende Fenster. Weiter gibt es eine

Küche mit gestampftem Lehmboden und offenen Dachsparren, ohne Fenster, aber mit zwei sich gegenüberliegenden Türen, die ins Freie führen. Dahinter sind noch zwei kleine Räume, halb so groß wie die Küche und mit je einem Fenster.

Die Küche selbst, in der ich die meiste Zeit zubringen will, ist von klarer Schönheit. Die roten Kleider der Frauen, die sich auf ihren Schemeln rund um das Feuer scharen, glühen in fast östlichem Reichtum, und die Wände sind durch den Torfrauch zu weichem Braun getönt, das sich harmonisch mit der grauen Erdfarbe des Bodens verbindet. Vielerlei Fischzeug, die Netze und Ölhäute der Männer sind an den Wänden oder zwischen den offenen Sparren aufgehängt, und unter dem Dach hängt eine ganze Kuhhaut, aus der die Pampooties gemacht werden.

Jeder Gegenstand auf diesen Inseln hat einen fast persönlichen Charakter, der diesem einfachen Leben, wo jede Art von Kunst unbekannt ist, etwas von der künstlerischen Schönheit mittelalterlichen Lebens verleiht. Die Curaghs und Spinnräder, die kleinen hölzernen Fässer, die noch immer häufig statt irdener Gefäße verwendet werden, die selbstgefertigten Wiegen, Butterfässer und Körbe sind von besonderer Eigenart und aus Materialien gemacht, die hier vorkommen. Dennoch sind sie auf bestimmte Weise eigentümlich für die Insel und scheinen wie ein natürliches Bindeglied zwischen den Einwohnern und der Welt, die sie umgibt.

Auf andere Art verstärkt hier noch die simple Einheitlichkeit der Kleidung den Eindruck von Schönheit. Die Frauen tragen rote Röcke und Jacken aus mit Krapp gefärbter Wolle der Insel, dazu nehmen sie gewöhnlich ein Umschlagtuch aus kariertem Wollzeug, schlingen es sich um die Brust und knüpfen es auf dem Rücken. Wenn es regnet, werfen sie sich einen anderen Rock über den Kopf, binden das Gürtelband um das Gesicht, oder wenn sie noch jung sind, benutzen sie einen dicken Schal, wie er in Galway getragen wird. Gelegentlich werden auch andere Bedeckungen verwendet, und während des Gewitters, bei dem ich ankam, sah ich einige Mädchen, die sich in Männerwesten eingeknöpft hatten. Ihre Röcke reichen nicht sehr weit unterhalb der Knie und lassen die kräftigen Beine frei mit den dicken blauen Strümpfen, die sie alle anhaben.

Die Männer tragen drei Farben: ungefärbte Schafwolle, Indigo und einen grauen Flanellstoff, der abwechselnd aus Fäden von Indigo und Schafwolle gewebt ist. In Aranmor haben viele der jüngeren Männer das übliche Fischer-Wolljersey übernommen, aber hier auf der Insel habe ich das nur einmal gesehen. Da der Flanell billig ist – die Frauen spinnen das Garn aus der Wolle der eigenen Schafe, dann wird es von einem Weber in Kilronan für vier Pence den Meter gewoben –, scheinen die Männer mehrere Westen und wollene Hosen übereinander zu tragen. Sie wundern sich alle über meine leichte Kleidung, und ein alter Mann, mit dem ich kurz an der Mole sprach, als ich an Land kam, fragte mich, ob mir nicht kalt sei in »meinen kleinen Sachen«.

Als ich in der Küche saß, um meinen Mantel von den Gischtspritzern zu trocknen, kamen einige Männer, die mich hatten kommen sehen, herein, um sich mit mir zu unterhalten. Sie murmelten auf der Schwelle ge-

wöhnlich: »Der Segen Gottes ruhe auf diesem Ort«, oder etwas Ähnliches.
Die Höflichkeit der alten Frau hier im Haus beeindruckt mich besonders, und obgleich ich nicht viel von dem verstand, was sie sagte – sie spricht kein Englisch –, konnte ich beobachten, wie bereitwillig sie jeden Besucher seinem Alter entsprechend zu einem Hocker oder zu einem Stuhl führte, und wie sie ein paar Worte an ihn richtete, bevor er an unserem englischen Gespräch teilnahm.
Im Augenblick steht meine Ankunft im Mittelpunkt des Interesses, und die Männer, die hereinkommen, wollen unbedingt mit mir reden. Manche von ihnen drücken sich genauer aus als der gewöhnliche Einwohner, andere wieder benutzen dauernd gälische Ausdrücke und ersetzen »es« durch »er« oder »sie«, da es das Pronomen des Neutrums im modernen Irisch nicht gibt.
Einige Männer verfügen über einen besonders reichen Wortschatz, andere kennen nur die gebräuchlichsten englischen Worte und sind so zu den erfinderischsten und gewagtesten Mitteln gezwungen, um das Gemeinte auszudrücken. Von allen neuen Gesprächsthemen scheint ihnen der Krieg das wichtigste zu sein, und der Kampf zwischen Amerika und Spanien (1898) verursacht große Aufregung. Fast alle Familien haben Verwandte, die schon einmal den Atlantik überqueren mußten, und alle essen Mehl und Speck aus Amerika. Deshalb haben sie eine heimliche Furcht davor, ihre eigene Insel könnte unbewohnbar werden, wenn »Amerika irgend etwas zustößt«.
Fremde Sprachen sind ein anderes bevorzugtes Thema,

und da diese Männer zweisprachig sind, haben sie durchaus eine Vorstellung davon, was es heißt, in verschiedenen Sprachen zu reden und zu denken. Die meisten Fremden, denen sie auf den Inseln begegnen, sind Sprachwissenschaftler, und man hat daraus geschlossen, daß sich die Außenwelt hauptsächlich mit linguistischen Studien vor allem des Gälischen beschäftigt.
»Ich habe Franzosen gesehen«, sagte ein Mann, »und Dänen und Deutsche, und da war ein Haufe von irischen Büchern bei ihnen, und sie lesen sie besser als wir selbst. Glaub mir, es gibt jetzt nur wenig reiche Leute auf der Welt, die nicht das Gälische studieren.«
Sie bitten mich manchmal, einfache Ausdrücke auf Französisch zu sagen, und nachdem sie sich den Tonfall angehört haben, können die meisten das Gehörte erstaunlich genau wiedergeben.

Als ich heute morgen mit Michael, dem Jungen, der mich in Irisch unterrichtet, um die Insel herumgehen wollte, traf ich einen alten Mann, der auf dem Wege zum Haus war. Er trug armselige schwarze Kleider, die vom Festland zu stammen schienen, und war vom Rheumatismus so zusammengekrümmt, daß er von weitem mehr wie eine Spinne als wie ein menschliches Wesen aussah.
Michael sagte mir, es sei Pat Dirane, der Geschichtenerzähler, von dem der alte Mourteen auf der anderen Insel gesprochen hatte. Ich wollte umkehren, da er anscheinend auf dem Weg zu mir war, aber Michael wollte davon nichts hören.
»Er wird am Feuer sitzen, wenn wir wiederkommen«,

sagte er, »hab nur keine Angst, es wird noch genug Zeit sein, mit ihm immer zu reden.«

Er hatte recht. Als ich einige Stunden später in die Küche kam, saß der alte Pat noch immer in der Ecke am Feuer, und der Torfrauch machte ihn blinzeln.

Er sprach Englisch bemerkenswert gut und geläufig, was, wie ich glaube, den Monaten zuzuschreiben ist, die er als junger Mann in den englischen Provinzen zugebracht hat, um dort bei der Ernte zu helfen.

Nach einigen Worten förmlicher Begrüßung erzählte er mir, wie er durch einen Anfall von »old hin« (Grippe) verkrüppelt wurde, und außer am Rheumatismus habe er auch daran noch zu leiden.

Während mir die alte Frau das Abendessen kochte, fragte er mich, ob ich Geschichten gern hätte, und erklärte sich bereit, eine auf Englisch zu erzählen, fügte aber hinzu, es wäre viel besser, wenn ich sie auf Gälisch verstünde. Dann begann er.

Da waren zwei Bauern in der Grafschaft Clare. Der eine hatte einen Sohn, und der andere, ein mächtig reicher Mann, hatte eine Tochter. Der junge Mann wollte das Mädchen heiraten, und sein Vater riet ihm, hinzugehen und es zu versuchen, wenn er es für gut halte, obwohl es wohl einen Haufen Goldes brauche, so eine wie diese zu bekommen.

»Ich will es versuchen«, sagte der junge Mann.

Er tat sein ganzes Gold in einen Beutel. Dann ging er zu dem anderen Hof hinüber und warf das Gold hinein vor ihn hin.

»Ist das alles Gold?« sagte der Vater des Mädchens.

»Alles Gold«, sagte O'Conor (der junge Mann hieß O'Conor).
»Es wird meine Tochter nicht aufwiegen«, sagte der Vater.
»Wir werden das gleich sehen«, sagte O'Conor.
Dann taten sie beides auf die Waagschalen, die Tochter auf die eine und das Gold auf die andere Seite. Das Mädchen sank bis zum Boden herab, also nahm O'Conor seinen Beutel und ging wieder hinaus auf die Straße. Wie er so dahinging, kam er an eine Stelle, wo ein kleiner Mann war, der stand mit dem Rücken an der Mauer.
»Wohin gehst du mit dem Beutel?« sagte der kleine Mann.
»Nach Hause«, sagte O'Conor.
»Ist es etwa Gold, was du brauchst?« sagte der Mann.
»Das ist es, genau«, sagte O'Conor.
»Ich will dir geben, was du brauchst«, sagte der Mann, »und wir können den Handel so machen: du zahlst mir in einem Jahr das Gold zurück, das ich dir gebe, oder du wirst mich mit fünf Pfund bezahlen, die aus deinem eigenen Fleisch geschnitten sind.«
Der Handel wurde zwischen ihnen gemacht. Der Mann gab O'Conor einen Sack voll Gold, und er ging zurück damit und wurde mit der jungen Frau verheiratet.
Sie waren reiche Leute, und er baute ihr ein großartiges Schloß auf den Klippen von Clare mit einem Fenster, das geradewegs über das wilde Meer schaute.
Eines Tages, als er mit seiner Frau hinging, um über das wilde Meer zu schauen, sah er ein Schiff hereinkommen auf die Felsen zu, und das hatte überhaupt keine Segel. Es zerschellte auf den Felsen, und es war

Tee und schöne Seide, was es geladen hatte. O'Conor und seine Frau gingen hinunter, um das Wrack anzusehen, und als die Lady O'Conor die Seide sah, sagte sie, sie wolle ein Kleid davon haben. Sie kauften die Seide von den Schiffsleuten, und als der Kapitän heraufkam, um das Geld dafür zu holen, bat ihn O'Conor, wiederzukommen und mit ihnen zu essen. Sie hatten ein großes Essen, und danach tranken sie, und der Kapitän wurde betrunken. Während sie noch tranken, kam ein Brief für O'Conor, und es stand in dem Brief, daß ein Freund von ihm tot sei und daß er auf eine lange Reise fortgehen müsse. Als er sich fertig machte, kam der Kapitän zu ihm.

»Liebst du deine Frau?« sagte der Kapitän.

»Ich liebe sie«, sagte O'Conor.

»Willst du mit mir eine Wette auf zwanzig Goldstücke machen, daß kein Mann ihr nahe kommt, während du fort auf der Reise bist?« sagte der Kapitän.

»Darauf will ich wetten«, sagte O'Conor und ging fort.

Es gab da eine alte Hexe, die verkaufte Kleinkram an der Straße nahe dem Schloß, und die Lady O'Conor erlaubte ihr, in ihrem Zimmer in einer großen Kiste zu schlafen. Der Kapitän ging hinunter auf die Straße zu der alten Hexe.

»Für wieviel Geld läßt du mich eine Nacht in deiner Kiste schlafen?« sagte der Kapitän.

»Für überhaupt kein Geld würde ich so etwas tun«, sagte die Hexe.

»Für zehn Guineas?« sagte der Kapitän.

»Nicht für zehn«, sagte die Hexe.

»Für zwölf Guineas?« sagte der Kapitän.

»Nicht für zwölf Guineas«, sagte die alte Hexe.
»Für fünfzehn Guineas?« sagte der Kapitän.
»Für fünfzehn will ich es tun«, sagte die Hexe.
Dann nahm sie ihn mit hinauf und versteckte ihn in der Kiste. Als die Nacht kam, kam die Lady O'Conor in ihr Zimmer hinauf, und der Kapitän sah sie durch ein Loch, das in dem Kasten war. Er sah sie die zwei Ringe ablegen und auf eine Art Brett tun, das über ihrem Kopf war wie ein Kaminsims, und sich die Kleider ausziehen außer dem Hemd und in ihr Bett steigen. Sobald sie schlief, kam der Kapitän aus dem Kasten, und er hatte etwas, um Licht zu machen, denn er zündete die Kerze an. Er ging zum Bett hinüber, wo sie schlief, ohne sie zu stören oder etwas Schlimmes zu tun, und er nahm die zwei Ringe von dem Brett, blies das Licht aus und ging wieder in die Truhe hinein.

Hier unterbrach er die Erzählung einen Augenblick, und ein tiefer Seufzer der Erleichterung kam von den Männern und Frauen, die, während die Geschichte erzählt wurde, hereingedrängt waren, so daß die Küche nun voll Menschen war.
Als der Kapitän aus seiner Truhe kam, hatten die Mädchen, die kein Englisch zu kennen schienen, mit Spinnen aufgehört und den Atem in gespannter Erwartung angehalten.
Der alte Mann fuhr fort:

Als O'Conor zurückkam, ging der Kapitän zu ihm und sagte ihm, daß er für eine Nacht im Zimmer seiner Frau gewesen war, und gab ihm die zwei Ringe.

O'Conor gab ihm die zwanzig Guineas der Wette. Dann ging er zum Schloß hinauf, und er nahm seine Frau mit, um aus dem Fenster über den wilden Ozean hin zu sehen. Während sie hinaussah, stieß er sie von hinten, und sie stürzte hinunter über die Klippen ins Meer. Eine alte Frau war am Ufer, und sie sah sie fallen. Da ging sie hinunter in die Brandung und zog sie heraus, ganz naß und durcheinander, und sie zog ihr die nassen Kleider aus und zog ihr ein paar alte Lumpen an, die ihr selbst gehörten.

Als O'Conor seine Frau aus dem Fenster gestoßen hatte, ging er fort ins Land hinaus. Nach einer Weile ging die Lady O'Conor auf die Suche nach ihm, und als sie lange Zeit hierhin und dorthin im Land gegangen war, hörte sie, daß er auf einem Feld mit sechzig Männern die Ernte einbringe. Sie kam zu dem Feld, und sie wollte hineingehen, aber der Torwächter wollte ihr nicht das Tor öffnen. Dann kam der Besitzer vorbei, und sie erzählte ihm ihre Geschichte. Er brachte sie hinein, und ihr Mann war da und erntete, aber er gab nicht das geringste Zeichen, daß er sie erkannte. Sie zeigte ihn dem Besitzer, und er ließ den Mann herauskommen und mit seiner Frau gehen. Dann nahm ihn die Lady O'Conor hinaus auf die Straße, wo Pferde waren, und sie ritten fort. Als sie an den Platz kamen, wo O'Conor den kleinen Mann getroffen hatte, stand der dort an der Straße vor ihnen.

»Hast du mein Gold bei dir?« sagte der Mann.

»Ich habe es nicht«, sagte O'Conor.

»Dann wirst du mich mit Fleisch von deinem Körper bezahlen«, sagte der Mann.

Sie gingen in ein Haus, und ein Messer wurde gebracht und ein sauberes weißes Tuch wurde auf den Tisch gelegt, und O'Conor wurde auf das Tuch gelegt. Dann wollte der kleine Mann gerade die Klinge in ihn stoßen, da sagte die Lady O'Conor:

»Hast du um fünf Pfund Fleisch gehandelt?«

»Um fünf Pfund Fleisch«, sagte der Mann.

»Hast du um auch nur einen Tropfen seines Blutes gehandelt?« sagte die Lady O'Conor.

»Nicht um Blut«, sagte der Mann.

»Schneide das Fleisch heraus«, sagte die Lady O'Conor, »aber wenn du einen Tropfen von seinem Blut vergießt, werde ich das hier durch dich jagen.« Und sie hielt eine Pistole an seinen Kopf. Der kleine Mann ging fort, und sie sahen ihn nie wieder.

Als sie nach Hause zu ihrem Schloß kamen, machten sie ein großes Mahl, und sie luden den Kapitän ein und die alte Hexe und die alte Frau, die die Lady O'Conor aus der See gezogen hatte.

Nachdem sie gut gegessen hatten, begann die Lady O'Conor, und sie sagte, daß sie alle ihre Geschichte erzählen würden. Dann erzählte sie, wie sie aus dem Meer gerettet worden war und wie sie ihren Mann gefunden hatte. Dann erzählte die alte Frau ihre Geschichte, wie sie die Lady O'Conor ganz naß und durcheinander gefunden hatte und sie hereingeholt und ihr ein paar alte Lumpen von sich selbst gegeben hatte.

Die Lady O'Conor fragte den Kapitän nach seiner Geschichte, der aber sagte, sie würden von ihm keine Geschichte zu hören bekommen. Dann nahm sie ihre Pistole aus der Tasche, und sie legte sie auf den Rand des Tisches, und sie sagte, daß jeder, der seine Ge-

schichte nicht erzählen würde, eine Kugel bekäme. Dann erzählte der Kapitän, wie er in die Truhe gekommen war und zu ihrem Bett, ohne sie überhaupt zu berühren, und wie er die Ringe weggenommen hatte. Dann nahm die Lady O'Conor die Pistole und schoß die alte Hexe durch und durch, und sie warfen sie über die Klippe ins Meer.
Das ist meine Geschichte.

Es berührte mich mit Staunen, diesen unbelesenen Bewohner eines nassen Felsens im Atlantik eine Geschichte erzählen zu hören, die so voller europäischer Bezüge ist.
Das Motiv der treuen Ehefrau führt uns zurück über Cymbeline an den sonnigen Arno und zu der fröhlichen Gesellschaft, die aus Florenz auszog, um sich Liebesgeschichten zu erzählen. Sie führt uns zu den Weinbergen von Würzburg am Main, wo im Mittelalter die gleiche Geschichte erzählt wurde, die Geschichte von den »Zwei Kaufleuten und der Treuen Frau des Ruprecht von Würzburg«. Der andere Teil der Geschichte, der von dem Pfund Fleisch erzählt, hat eine noch größere Verbreitung. Sie reicht von Persien und Ägypten bis zu den »Gesta Romanorum« und dem »Pecorone« des Ser Giovanni, eines Florentiner Notars. Der hier vorliegenden Verbindung der zwei Geschichten ist man bei den Gälen schon begegnet, und eine ähnliche Version gibt es in Campbells »Popular Tales of the Western Highlands«.

Michael geht so rasch, wenn ich mit ihm unterwegs bin, daß ich meine Schritte nicht mit Vorsicht setzen kann, und die scharfkantigen Versteinerungen, die im Kalkstein eingeschlossen sind, haben meine Schuhe völlig zerschnitten. Die Familie beriet gestern abend darüber, und schließlich wurde beschlossen, mir ein Paar Pampooties zu machen, die ich heute auf den Felsen getragen habe. Sie bestehen einfach aus einem Stück roher Kuhhaut, mit den Haaren nach außen, und sind über den Zehen und um die Ferse mit zwei Stücken Fischleine zusammengebunden, die rings herumführen und dann über dem Rist verschnürt werden. Wenn man sie abends auszieht, werden sie in einen Eimer Wasser gesteckt, da die rauhe Tierhaut in Strumpf und Fuß einschneidet, wenn man sie hart werden läßt. Aus demselben Grund treten die Leute während des Tages oft in die Brandung, so daß ihre Füße andauernd feucht sind. Zuerst legte ich das Gewicht auf die Fersen, wie in Stiefeln, und tat mir dabei ziemlich weh, aber nach einigen Stunden lernte ich den natürlichen Gang des Menschen wieder und konnte meinem Führer zu jedem Teil der Insel folgen.

In einer bestimmten Gegend unterhalb der Klippen nach Norden zu muß man, ohne einen einzigen normalen Schritt tun zu können, für nahezu eine Meile von einem Felsen zum andern springen, und hier begriff ich, daß die Zehen eine natürliche Funktion haben, denn ich war immer im Sprung auf jede kleine Vertiefung im nächsten Felsen vor mir und krallte mich mit aller Kraft daran fest, während die Muskeln der Füße von der Anstrengung schmerzten.

Das Fehlen schwerer europäischer Schuhe hat bei diesen Menschen den geschmeidigen Gang des wilden Tieres erhalten, und ihr einfaches Leben hat ihnen viele andere Eigenschaften physischer Vollkommenheit verliehen. Die Nester und Höhlen der Lebewesen, die sie umgeben, sind das Künstlichste, was auf ihre Lebensformen eingewirkt hat, und sie haben in mancher Beziehung mehr Ähnlichkeit mit den besseren Typen unserer Aristokratie – die allerdings künstlich zu einem natürlichen Ideal erzogen werden –, als mit dem Arbeiter oder Bürger, so wie ja auch das Wildpferd dem Vollblut eher ähnelt als dem Zugpferd oder dem gewöhnlichen Reitpferd. Stämme mit einer solchen natürlichen Entwicklung mögen in halbzivilisierten Ländern häufig sein, hier aber haben sich Spuren der Verfeinerung alter Gesellschaften mit den Anlagen des wilden Tieres vermischt, und dies mit einzigartigem Ergebnis.

Wenn ich mit Michael unterwegs bin, kommt oft jemand auf mich zu, um mich nach der Uhrzeit zu fragen. Nur wenige Leute sind jedoch genügend an den modernen Zeitbegriff gewöhnt, um mehr als nur sehr vage etwas mit der Zeitangabe anfangen zu können, und wenn ich ihnen sage, welche Zeit es nach meiner Uhr ist, genügt ihnen das nicht, und sie fragen, wieviel Zeit ihnen noch bis zur Dämmerung bleibt.

Das Wissen um die Tageszeit hängt hier auf der Insel merkwürdigerweise von der Richtung des Windes ab. Wie auch dieses Haus hier sind nahezu alle anderen Häuser mit zwei gegenüberliegenden Türen versehen, von denen die geschütztere den ganzen Tag offensteht, um dem Hausinneren Licht zu geben. Wenn der Wind nördlich steht, wird die südliche Tür geöffnet; der Schatten des Türstocks wandert über den Küchenboden und zeigt die Stunde an. Sobald jedoch der Wind nach Süden dreht, wird die andere Tür geöffnet, und diese Menschen, die nie auf den Gedanken kämen, eine primitive Sonnenuhr anzubringen, wissen nun nicht mehr weiter. Dieses System mit den Eingängen hat noch eine merkwürdige Folge. Gewöhnlich stehen alle Türen auf der einen Seite der Dorfstraße offen und die Frauen sitzen davor auf der Schwelle, während auf der anderen Seite der Straße die Türen geschlossen bleiben und es dort kein Anzeichen von Leben gibt. In dem Augenblick, in dem der Wind wechselt, ist alles umgekehrt, und manchmal, wenn ich nach einem einstündigen Spaziergang ins Dorf zurückkomme, sieht es aus, als hätte eine allgemeine Flucht von einer Straßenseite zur anderen stattgefunden.

Hier im Hause verändert sich die Stimmung in der Küche durch das wechselnde Öffnen der Türen völlig. Von einem strahlend erleuchteten Raum, der auf einen Hof und eine Straße hinaussieht, wird sie zu einer düsteren Zelle mit einem wunderbaren Blick auf das Meer.

Wenn Nordwind weht, bringt die alte Frau meine Mahlzeiten ziemlich pünktlich zustande, an den anderen Tagen aber macht sie mir meinen Tee um drei statt um sechs Uhr. Wenn ich ihn dann nicht mehr haben will, stellt sie ihn für drei Stunden in das Torffeuer und läßt ihn dort simmern, bringt ihn um sechs und ist dann sehr besorgt, ob er noch warm genug ist.

Der Alte meint, ich solle ihm eine Uhr schicken, wenn ich wieder fort bin. Er möchte gerne etwas von mir im Hause haben, sagt er, dann würden sie mich nicht vergessen, und eine Uhr wäre doch genauso praktisch wie

irgend etwas anderes, und immer, wenn sie auf das Zifferblatt sähen, würden sie an mich denken.
Die allgemeine Unkenntnis der genauen Tageszeit macht es den Leuten unmöglich, ihre Mahlzeiten regelmäßig einzunehmen. Sie scheinen abends gemeinsam zu essen und irgendwann am Morgen, kurz nach Tagesanbruch, bevor sie zur Arbeit auseinandergehen. Aber untertags trinken sie nur eine Tasse Tee und essen ein Stück Brot oder ein paar Kartoffeln, wenn sie hungrig sind.
Für Leute, die im Freien leben, essen sie eigenartig wenig. Oft, wenn Michael draußen gewesen ist, um Kartoffeln zu jäten, bleibt er acht oder neun Stunden ohne Nahrung, kommt dann herein und ißt ein paar Scheiben selbstgebackenes Brot. Danach ist er wieder bereit, mit mir hinauszugehen und stundenlang auf der Insel herumzuwandern.
Sie essen kein Fleisch, nur etwas Speck und Salzfisch. Die alte Frau sagt, sie würde sehr krank werden, wenn sie frisches Fleisch zu sich nehme. Vor einigen Jahren, bevor Tee, Zucker und Mehl allgemein üblich wurden, war Salzfisch ein weit gebräuchlicheres Nahrungsmittel als jetzt, und, wie mir erzählt wurde, waren damals Hautkrankheiten sehr verbreitet. Jetzt sind sie auf den Inseln selten.

Wer nicht wochenlang in diesen grauen Wolken und Meeren gelebt hat, kann sich das Vergnügen kaum vorstellen, das man beim Anblick der roten Kleider der Frauen empfindet, besonders wenn mehrere von ihnen beisammen sind, wie heute früh.
Ich hatte erfahren, daß das Jungvieh eingeschifft

werden sollte, um es zu einem Markt auf dem Festland zu bringen, der in einigen Tagen stattfindet, und ich ging kurz nach Tagesanbruch zur Mole hinunter, um dabei zuzusehen. Die Bucht war eingehüllt in das Grau des heranziehenden Regens. Doch waren die Wolken nur dünn. Sie gaben dem Meer ein silbriges Licht und tauchten die Berge von Connemara in ungewöhnlich tiefe Bläue.

Als ich über die Dünen ging, glitt ein Huker mit rotbraunem Segel langsam hinaus und begann seine Fahrt, und ein anderer legte an der Mole an. Rotfarbiges Vieh, meist von den Frauen getrieben, kam aus allen Richtungen heran und bildete mit dem Grün des langen Grasstriches, der das Meer von den Felsen trennt, eine ganz neue farbliche Verbindung. Die Mole selbst war voller Vieh und einer großen Menschenmenge. Ich bemerkte in dem Gedränge ein außergewöhnliches Mädchen, das auf alle, die ihm nahekamen, Autorität auszustrahlen schien. Ihre eigenartig geformten Nasenflügel und das schmale Kinn gaben ihr etwas Hexenartiges, jedoch besaß sie durch die Schönheit des Haares und der Haut zugleich einen besonderen Reiz.

Als der Huker festgemacht hatte, befand sich sein Deck noch immer einige Meter unterhalb der Höhe der Mole, so daß die Tiere von dort unter vielem Gezerre und Durcheinander mit einem an der Mastspitze befestigten Seil heruntergelassen werden mußten. Einige Tiere machten wilde Anstrengungen loszukommen und zogen ihre Besitzer beinahe mit sich ins Meer, aber man ging außerordentlich geschickt mit ihnen um, und so gab es keinen Unfall.

Als der offene Laderaum mit dem Vieh so dicht vollgepackt war, daß es gerade noch stehen konnte, sprangen die Besitzer hinunter aufs Deck, zusammen mit ihren Frauen oder Schwestern, die mitfahren, um Dummheiten in Galway zu verhindern, und die Reise begann. Gleich danach lief ein gebrechlicher alter Huker mit Torf von Connemara an, und während er ausgeladen wurde, saßen alle Männer auf der Kante der Mole und machten Bemerkungen über seine verfaulten Spanten, bis die Besitzer außer sich vor Zorn waren.

Die Flut war nun zu weit zurückgegangen, als daß noch mehr Boote an die Mole hätten gelangen können. Deshalb zog man nach Südosten zu einem Sandstreifen, wo der Rest des Viehs durch die Brandung verschifft wurde. Hier ankerte der Huker etwa achtzig Meter von der Küste entfernt, und eine Curagh wurde herausgerudert, um die Tiere hinauszuschleppen. Eins nach dem anderen wurde jedes Stück Vieh eingefangen und bekam eine Tauschlinge umgelegt, mit der es dann an Bord gehievt werden konnte. Ein anderes Seil wurde an den Hörnern befestigt und lief zu einem Mann im Heck der Curagh, dann trieb man das Tier durch die Brandung ins Tiefe, bevor es viel Zeit fand, sich zu wehren. Wenn es dann in etwa schwamm, wurde es zum Huker gezogen und in halbersoffenem Zustand an Bord gebracht. Die weite Sandfläche scheint ihren Widerstand zu verstärken, und einige Tiere wurden erst nach gefährlichem Kampf eingefangen. Der erste Versuch war nicht immer erfolgreich, und ich sah, wie ein dreijähriges Stück Vieh zwei Männer mit den Hörnern aufhob und noch fünfzig Meter am Schwanz durch den Sand zog, bevor man es in der Gewalt hatte. Während dieser Arbeit sammelte sich eine Anzahl Mädchen und Frauen auf dem Rand der Klippe, und sie warfen den Männern von dort Spott- und Lobesworte zu.

Als ich zum Haus zurückkam, sah ich, daß die Tochter der Alten mit den anderen Frauen zum Festland gefahren war und der Großmutter ihren Säugling von etwa neun Monaten zur Pflege dagelassen hatte. Als ich hereinkam, war sie damit beschäftigt, mein Essen zu machen, und der alte Pat Dirane, der gewöhnlich um diese Zeit kommt, schaukelte die Wiege. Diese ist aus grobem Weidengeflecht gemacht mit zwei Stükken unbearbeiteten Holzes als Kufen, und von meinem Zimmer aus kann ich sie mit ziemlicher Wucht auf den Boden schlagen hören. Wenn das Baby wach ist, kriecht es auf dem Boden herum, und die alte Frau singt ihm eine Menge von unverständlichen Wiegenliedern voller musikalischem Reiz.

Eine andere Tochter, die zu Hause lebt, ist ebenfalls mit zum Markt gefahren, so daß die alte Frau mich und das Baby versorgen muß und dazu noch eine Schar von Hühnern, die in einem Loch neben dem Feuer haust. Wenn ich Tee möchte, oder wenn die Alte Wasser holen geht, kommt die Reihe an mich, die Wiege in Gang zu halten.

Einer der größten Duns oder heidnischen Befestigungen auf der Insel ist nur ein Steinwurf weit vom Haus entfernt, und nach einem Essen aus Eiern oder gepökeltem Schweinefleisch wandere ich oft dorthin, um schläfrig auf den Steinen zu rauchen. Die Nachbarn kennen meine Gewohnheit, und oft kommt jemand dorthin und fragt nach den Neuigkeiten aus der letzten Zeitung, die ich bekommen habe, oder erkundigt sich nach dem amerikanischen Krieg. Wenn niemand kommt, beschwere ich mein Buch mit Steinen, die einst von den Firbolgs* berührt wurden, und schlafe stundenlang in der köstlichen Sonnenwärme. Die letzten Tage habe ich fast auf den runden Mauern gelebt, denn durch irgendeine falsche Einteilung ist unser Torf ausgegangen, und das Feuer wird jetzt mit getrocknetem Kuhmist – einem gebräuchlichen Brennstoff auf der Insel – in Gang gehalten. Der Rauch davon zieht in mein Zimmer und liegt in blauen Lagen auf Tisch und Bett. Glücklicherweise ist aber das Wetter gut, und ich kann den ganzen Tag in der Sonne verbringen. Wenn ich mich von diesen Mauern aus umsehe, erblicke ich beinahe auf allen Seiten das Meer. Es erstreckt sich bis zu den weit entfernten Gebirgszügen im Norden und Süden. Unter mir im Osten liegt der einzige bewohnte Teil der Insel. Dort kann ich rote Gestalten erkennen, die sich um die Häuser bewegen, und gelegentlich dringen von dort Fragmente einer Unterhaltung oder eine alte Inselmelodie herauf.

Der Säugling bekommt Zähne und schreit schon seit ein paar Tagen. Seit seine Mutter zum Markt gefahren ist, hat man ihn mit Kuhmilch genährt, die oft schon etwas sauer ist, und ich glaube, man gibt ihm mehr als er braucht. Heute morgen schien es dem Kind je-

* Die Firbolgs gelten in der irischen Tradition als einer der zahlreichen fremden Erobererstämme. Die Kesselflicker Irlands, die Tinker, eine umherziehende Gruppe mit eigener Mundart, wurden für Nachkommen der Firbolgs gehalten. John M. Synge schrieb ein Theaterstück mit dem Titel: »The Tinker's Wedding«. (Anm. d. Ü.)

doch so schlecht zu gehen, daß nach einer Nährmutter ins Dorf geschickt wurde, und nach kurzer Zeit kam eine junge Frau, die weiter im Osten der Insel lebt, und gab ihm wieder seine natürliche Nahrung. Als ich einige Stunden später in die Küche kam, um mit dem alten Pat zu reden, hatte eine andere Frau die gleiche hilfsbereite Rolle übernommen. Sie war eine Person mit einem wunderlichen Gesichtsausdruck.

Pat erzählte mir die Geschichte einer untreuen Frau, die ich gleich wiedergeben werde. Plötzlich fing er dann eine moralische Auseinandersetzung mit der Besucherin an, die bei einigen jungen Männern, die hereingekommen waren, um der Geschichte zuzuhören, großes Vergnügen auslöste. Unglücklicherweise ging dies in derartig schnellem Gälisch vor sich, daß ich die meisten Pointen nicht mitbekam.

Gewöhnlich spricht dieser alte Mann in traurigem Ton über seinen schlechten Gesundheitszustand und über den Tod, den er kommen fühlt, manchmal jedoch hat er Anflüge von Humor, die mich an den alten Mourteen auf der nördlichen Insel erinnern. Heute lag ein groteskes billiges Püppchen bei der alten Frau auf dem Boden. Er hob es auf und untersuchte es, so als ob er es mit der alten Frau vergliche. Dann hielt er es hoch: »Bist du es etwa, Frau des Hauses, die so etwas in die Welt gesetzt hat?« sagte er.

Und hier ist seine Geschichte.

Eines Tages reiste ich zu Fuß von Galway nach Dublin, die Dunkelheit kam über mich und ich war noch zehn Meilen von der Stadt, in der ich die Nacht verbringen wollte. Dann begann ein starker Regen zu fallen, und ich war müde vom Laufen. Als ich dann eine Art Haus ohne Dach darauf an der Straße sah, trat ich nahe an die Hauswand heran, damit ich einen Schutz hatte. Als ich mich umsah, entdeckte ich ein Licht zwischen ein paar Bäumen, zehn Meter entfernt, und ich dachte, jedes Haus sei besser als der Platz, wo ich war, und kletterte über eine Mauer, ging an das Haus heran, um durchs Fenster hineinzusehen.

Ich sah einen toten Mann auf einem Tisch liegen, und Kerzen waren angezündet, und eine Frau wachte bei ihm. Ich fürchtete mich, als ich ihn sah, aber es regnete stark, und ich sagte mir, daß er mir keinen Schaden zufügen könne, wenn er tot sei. Dann klopfte ich an die Tür, und die Frau kam und öffnete.

»Guten Abend, Frau«, sagte ich.

»Freundlichen guten Abend, Fremder«, sagte sie. »Komm herein aus dem Regen.«

Dann nahm sie mich herein und sagte mir, daß ihr Mann ihr gestorben sei und daß sie diese Nacht bei ihm Wache halte.

»Aber durstig wirst du sein, Fremder«, sagte sie. »Komm ins Wohnzimmer.«

Dann nahm sie mich ins Wohnzimmer – und es war ein schönes sauberes Haus –, und sie stellte eine Tasse mit einer Untertasse darunter vor mich auf den Tisch hin, mit gutem Zucker und Brot dazu. Als ich eine Tasse Tee getrunken hatte, ging ich zurück in die Küche, wo der tote Mann lag, und sie gab mir eine gute neue Pfeife vom Tisch und einen Tropfen zu trinken.

»Fremder«, sagte sie, »würdest du Angst haben, mit ihm allein zu sein?«

»Nie in der Welt, Frau«, sagte ich, »wer tot ist, kann einem nichts anhaben.«

Dann sagte sie, sie wolle hinübergehen und den Nachbarn erzählen, wie ihr Mann gestorben sei, und sie ging hinaus und verschloß die Tür hinter sich. Ich rauchte eine Pfeife, lehnte mich hinüber und nahm eine andere vom Tisch. Ich rauchte sie mit meiner Hand auf der Lehne des Stuhls – so wie du selbst in diesem Augenblick, Gott segne dich –, und ich schaute gerade zu dem toten Mann herüber, da machte der seine Augen so weit auf wie ich meine habe und sah mich an.

»Hab keine Angst, Fremder«, sagte der tote Mann, »ich bin überhaupt nicht tot, nie im Leben. Komm her und hilf mir auf, und ich werde dir alles darüber erzählen.«

Gut, ich stand also auf und nahm das Laken von ihm weg, und ich sah, daß er ein schönes sauberes Hemd auf dem Körper trug und gute Wollhosen. Er setzte sich auf und sagt zu mir:

»Ich habe eine schlechte Frau, Fremder, und ich habe mich totgestellt, damit ich sie bei ihrem Treiben erwische.«

Dann nahm er zwei schöne Stöcke, die er hatte, um seine Frau im Zaum zu halten, und er legte sie zu beiden Seiten seines Körpers, und er legte sich wieder hin, so als ob er tot wäre.

Nach einer halben Stunde kam seine Frau zurück und mit ihr ein junger Mann. Nun, sie gab ihm Tee und sagte zu ihm, er sei sicher müde und er täte gut daran hinauszugehen und sich im Schlafzimmer hinzulegen. Der junge Mann ging hinein, und die Frau setzte sich,

um bei dem toten Mann zu wachen. Nach einer Weile stand sie auf, und sie sagte:
»Fremder, ich gehe hinein, die Kerze aus dem Zimmer zu holen; ich denke, der junge Mann wird jetzt eingeschlafen sein.« Sie ging in das Schlafzimmer, aber beim Teufel, sie kam kein bißchen zurück. Dann stand der tote Mann auf, und er nahm einen Stock, und er gab mir den anderen. Wir gingen hinein und sahen sie zusammen liegen, mit ihrem Kopf auf seinem Arm. Der tote Mann versetzte ihm einen Schlag mit dem Stock, so daß das Blut aus ihm schoß und bis zur Decke hinaufsprang.
Das ist meine Geschichte.

Derartige Geschichten erzählt er immer in der ersten Person und berichtet dabei genaue Einzelheiten, um zu beweisen, daß er tatsächlich bei den Ereignissen dabei war, die er schildert.
Zu Beginn der Geschichte berichtete er lange, aus welchem Grund ihn bei dieser Gelegenheit sein Weg nach Dublin geführt hatte, und er erzählte mir von den vielen reichen Leuten, die er in den schönsten Straßen der Stadt besuchen wollte.

Eine Woche mit jagenden Nebeln ist vorüber und hat bei mir ein eigenartiges Gefühl von Verbannung und Verlassenheit hervorgerufen. Ich wandere beinahe jeden Tag auf der Insel umher, ohne etwas anderes als nasse Felsen, einen Streifen Brandung und den Aufruhr der Wellen zu sehen. Der schieferartige Kalkstein ist durch das andauernd darauf tropfende Wasser schwarz geworden, und wo immer ich mich hin-

wende, finde ich das gleiche qualvolle Grau der Wege, die sich zwischen den engen Feldern hindurchwinden, und das gleiche Klagen des Windes, der in den losen Brocken der Wälle ächzt und pfeift.
Die erste Zeit beachten die Leute das wilde Wetter um sie her nicht sonderlich, aber nach einigen Tagen sinken ihre Stimmen in der Küche ab, und die endlosen Gespräche über die Schweine und das Vieh werden zu Geflüster von Menschen, die sich in einem verwunschenen Haus Geschichten erzählen.
Der Regen hält an; heute abend aber waren ein paar junge Männer in der Küche, sie flickten Netze, und die Flasche mit schwarzgebranntem Whisky wurde aus ihrem Versteck hervorgeholt. Es ist unmöglich, sich vorzustellen, daß diese Menschen am Rande eines solchen Abgrundes etwa Wein trinken würden, aber der graufarbene Whisky, der wie ein plötzlicher Stoß von Freude ins Blut dringt, scheint wie dazu geschaffen zu sein, sie, die verlassen in diesen Nebelwelten leben, bei Verstand zu halten.
Ich saß einen Teil des Abends mit in der Küche und spürte die entstehende Fröhlichkeit, und als ich nach Einbruch der Dunkelheit in mein Zimmer gegangen war, kam einer der Söhne jedesmal, wenn die Flasche die Runde machte, um auch mir meinen Teil einzuschenken.

Es hat aufgeklart, und die Sonne läßt mit strahlender Wärme die ganze Insel im silbrigen Glanz einer Münze aufleuchten und erfüllt Meer und Himmel mit strahlend blauem Licht. Ich bin aus dem Haus gegangen und habe mich auf die Felsen gelegt. Vor mir habe ich den schwarzen Umriß der Nordinsel, dann die Bucht von Galway, die fast zu blau ist, um hinzusehen, zu meiner Rechten den Atlantik, links zu meinen Füßen eine senkrecht abfallende Klippe und über mir unzählige Möwen, die sich in einer weißen Wolke von Schwingen jagen.

Irgendwo in der Nähe ist ein Nest von Haubenkrähen, und einer der alten Vögel versucht, mich zu vertreiben, indem er sich alle Augenblicke wie ein Stein aus etwa vierzig Meter Höhe über mir bis in Reichweite meiner Hand fallen läßt. Weiße Seeraben streichen über der Bucht hin und her und tauchen immer wieder nach einer Makrele. Weit draußen kann ich die ganze Flotte der Huker von Kilronan sehen, die zu einem nächtlichen Fischfang in den tiefen Gewässern im Westen ausläuft.

Während ich hier so Stunde um Stunde liege, scheine ich in die wilde Vergangenheit der Klippe aufzugehen und ein Gefährte der Kormorane und Krähen zu werden.

Manche Vögel spielen sich vor mir auf mit der Eitelkeit von Primitiven. Solange ich in Sichtweite bin, geben sie ein Schauspiel eigenartiger Bewegungen und Wendungen, und sobald ich fort bin, kehren sie zu ihrem Felsvorsprung zurück. Manche sind wunderbar behende und spielen ihre höchst graziöse Rolle für unglaublich lange Zeit ohne die kleinste Regung der Schwingen. Sie verlieren sich dabei so in das eigene Können, daß sie oft im Flug zusammenstoßen. Darauf folgt stets ein wilder Ausbruch von Beschimpfungen. Ihre Sprache ist leichter verständlich als das Gälische, und ich meine den größten Teil ihrer Schreie zu verstehen, wenn ich auch nicht antworten kann. Sie haben einen ganz bestimmten klagenden Ton, den sie mitten in ihrem üblichen Geschwätz mit besonderem Effekt anbringen und den sie entlang der Klippe wie eine unartikulierte Wehklage einander weitergeben, so als ob sie sich dann an die Schrecken des Nebels erinnerten.

Auf den niedrigen Felsflächen im Osten kann ich eine Anzahl von roten und grauen Gestalten erkennen, die eifrig an der Arbeit sind. Der ständige Wechsel hier auf der Insel von der Verzweiflung der letzten Nacht und dem strahlenden Heute läßt an eine Verwandtschaft denken zwischen den Stimmungen der Menschen hier und dem Wechsel von Ekstase und Niedergeschlagenheit, der bei Künstlern und bei bestimmten Arten von Geisteskrankheit auftritt. Jedoch begreife ich nur im Klang einiger weniger Sätze oder in dem Bruchstück einer alten Melodie den wirklichen Geist dieser Insel, denn im allgemeinen sitzen die Männer zusammen und sprechen in unendlichen Wiederholungen von Ebbe und Flut, von den Fischen und vom Preis des Tangs in Connemara.

Heute morgen nach der Messe ist eine alte Frau begraben worden. Sie wohnte im nächsten Haus, und mehrmals hörte ich am Vormittag ein schwaches Echo der Totenklage. Ich ging nicht zur Totenwache aus Sorge, meine Anwesenheit könnte die Trauernden stören. Während des gestrigen Abends konnte ich im Hof die Schläge eines Hammers hören, wo inmitten einer kleinen Zahl von Zuschauern die nächste Verwandtschaft der Toten langsam am Sarg arbeitete.

Vor dem Begräbnis wurde heute der selbstgebrannte Whisky an eine Anzahl Männer ausgeschenkt, die auf der Straße herumstanden, und auch mir brachte man einen Schluck ins Zimmer. Dann wurde der lose in Segeltuch eingenähte Sarg hinausgetragen, der an drei auf der Oberseite befestigten Querstangen nahe am Boden hing. Als wir dann zum tiefer gelegenen Ortsteil der Insel hinunterzogen, kamen fast alle Männer und alle alten Frauen, die die Röcke über den Kopf geschlagen hatten, aus den Hütten und fügten sich in die Prozession ein. Während das Grab geöffnet wurde, setzten sich die Frauen zwischen die flachen Grabsteine, die von einem bleichen Schleier frühen Farns eingefaßt waren, und begannen den wilden »Keen«, die Totenklage. Wenn sie mit dem Rezitativ an der Reihe war, schien jede der alten Frauen ganz der Trauer hingegeben. Sie wiegte sich vor und zurück und beugte die Stirn auf den Stein vor ihr, während sie mit dem sich immer wiederholenden, schluchzenden Gesang die Tote beklagte. Über den ganzen Friedhof hin wiegten sich andere verrunzelte Frauen im gleichen Rhythmus und sahen dabei unter den tiefroten Röcken hervor, mit denen sie bedeckt waren. Sie stimmten mit ein in den unartikulierten Gesang, der von allen in einer Art Begleitmelodie ausgehalten wird.

Der Morgen war wunderschön gewesen, aber als man den Sarg in das Grab senkte, rollte der Donner über unseren Köpfen, und Hagel schlug zwischen den Farn. Hier in Inishmaan muß man an einen Einklang von Mensch und Natur glauben, und in dem Augenblick, als der Donner die Frauenstimmen mit seinem Totengeläut von ergreifender Größe übertönte, sah ich um mich starre und gleichzeitig ergriffene Gesichter. Als der Sarg ins Grab gesenkt worden und der Donner über die Hügel von Clare hinweggerollt war, brach die Totenklage von neuem und noch leidenschaftlicher als bisher hervor.

Der Schmerz dieser Totenklage ist keine persönliche Trauer über den Tod einer Frau von über achtzig Jahren, sondern er löst die ganze Gewalt der Leidenschaft aus, die in jedem Bewohner der Insel schlummert. In diesem Schmerzensschrei scheint sich für einen Augenblick das Unterbewußte der Menschen zu offenbaren, und mit ihm enthüllt sich das Innere von Menschen, die ihre Einsamkeit im Universum fühlen, das sie mit Stürmen und Meeresfluten bekriegt. Für gewöhnlich sind sie verschlossen, aber in der Gegenwart des Todes scheint jede äußere Gleichgültigkeit und Geduld, jede Haltung vergessen, und sie schreien in nackter Verzweiflung auf im Angesicht des grausamen Schicksals, zu dem sie alle verdammt sind.

Bevor der Sarg mit Erde bedeckt wurde, kniete ein alter Mann am Grab nieder und sagte noch einmal ein einfaches Gebet für die Tote. In diesen bußfertigen Worten des katholischen Glaubens lag für mich eine gewisse Ironie, da sie von Stimmen gesprochen wurden, die noch heiser waren von den Schreien heidnischer Verzweiflung.

Abseits vom Grab sah ich eine Reihe alter Frauen im Schatten eines Walles neben dem dachlosen Gemäuer der Kirche sitzen. Sie hatten am »Keen« teilgenommen, schluchzten und bebten noch vor Trauer, begannen aber schon wieder über die täglichen Kleinigkeiten zu reden, die ihnen das Grauen der Welt verhüllen.

Das Loch in der Mauer, durch das man den Sarg hineingetragen hatte, wurde von zwei Männern wieder geschlossen, nachdem wir alle den Friedhof verlassen hatten. Wir gingen zum Dorf zurück, unterhielten uns und machten Späße über alles und nichts, als ob wir von der Mole oder vom Pier kämen.

Ein alter Mann erzählte mir von den Saufgelagen, die bei manchen Begräbnissen stattfinden. »Vor einiger Zeit«, sagte er, »gab es zwei Männer, die fielen im Friedhof zu Boden, als sie im Rausch waren. Das Meer ging hoch an diesem Tag, so daß niemand den Arzt herbeiholen konnte, und einer der Männer wachte niemals wieder auf und fand den Tod noch in der gleichen Nacht.«

Am Tag darauf legten die Männer hier aus dem Haus ein neues Feld an. Es gab nur einen dünnen Streifen Erde neben der Mauer des Hofes und einen anderen in der Ecke des Gemüsegartens. Der alte Mann und sein ältester Sohn gruben die Erde mit solcher Sorgfalt aus, als ob sie in einer Goldmine arbeiteten. Michael packte die Erde in Tragkörbe – es gibt keinerlei Fahrzeuge auf dieser Insel –, trug sie zu einem flachen Felsen in einer geschützten Ecke des Grundstückes, wo sie mit Sand und Tang vermischt und in einer Schicht auf dem Felsen ausgebreitet wurde.

Auf der Insel werden die Kartoffeln zum größten Teil auf solchen Feldern angebaut – dafür muß auch noch ziemlich viel Pacht bezahlt werden –, und wenn das Wetter trocken bleibt, wird die Hoffnung auf eine gute Ernte fast immer vereitelt. Seit dem letzten Regen sind neun Tage vergangen, und die Menschen sind bereits in Sorge, obgleich die Sonne bis jetzt noch nicht stark genug war, um Schaden anrichten zu können. Durch die Trockenheit entsteht auch Wassermangel. Auf dieser Seite der Insel gibt es zwar Quellen, aber sie liegen in einiger Entfernung, und bei heißem Wetter kann man sich nicht auf sie verlassen. Das Wasser für unser Haus wird von einer der Frauen in einem Faß herangebracht. Wenn man es sofort verwendet, ist es nicht allzu brackig, aber wenn es, was häufig vorkommt, einige Stunden lang im Faß gestanden hat, sind Geruch, Farbe und Geschmack nicht mehr zu ertragen. Das Wasser zum Waschen wird ebenfalls rar, und wenn ich am Meer herumgehe, stoße ich oft auf ein Mädchen, das seine Röcke rundherum hochgesteckt hat, in einer Lache steht, die von der Flut zurückgeblieben ist, und zwischen Seeanemonen und Krabben ihre Unterwäsche wäscht. Die roten Mieder und die weißen schlanken Beine machen die Mädchen so schön wie tropische Seevögel, wie sie da eingerahmt von Seegras am Ufer des Atlantik stehen. Michael wird jedoch etwas unruhig, wenn sie in Sicht kommen, und deshalb kann ich nicht stehenbleiben, um ihnen zuzusehen. Diese Gewohnheit, das Seewasser zum Waschen zu benutzen, ist auf der Insel häufig der Grund für Rheumatismus, denn das Salz bleibt in den Kleidern haften und hält sie dauernd feucht.

Die Leute haben die trockene Zeit genutzt und mit dem Kelp-Brennen begonnen, und die Inseln liegen in dichtem grauen Rauch. Dieses Jahr wird es nicht viel geben, da sie von der ungewissen Marktlage entmutigt sind und ohne Aussicht auf Verdienst nicht die Mühe der Herstellung auf sich nehmen wollen.

Um eine Tonne Kelp zu erhalten, bedarf es beträchtlicher Arbeit. Der Tang wird nach den Stürmen vom Herbst und Winter von den Klippen gesammelt, an schönen Tagen getrocknet, dann zu einem Schober aufgeschichtet und bis zum Anfang des Monats Juni so gelassen. Dann wird er in niedrigen Darren am Strand in zwölf bis zwanzig Stunden andauernder harter Arbeit gebrannt, obgleich die Leute hier, wie ich erfahren habe, es nicht ganz richtig machen. Ein Teil dessen, was sie produzieren, wird dadurch unbrauchbar, daß sie es länger als notwendig brennen.

Der Brennofen faßt ungefähr zwei Tonnen flüssigen Kelp, und wenn er voll ist, deckt man ihn lose mit Steinen zu und läßt ihn auskühlen. Nach einigen Tagen ist die Masse so hart wie Kalkstein und muß mit Brecheisen losgebrochen werden, bevor das Produkt zum Transport nach Kilronan auf Kähne verladen werden kann. Dort wird es auf seinen Gehalt an Jod untersucht und dann entsprechend bezahlt. In früheren Jahren gab es für eine Tonne guten Kelp sieben Pfund Sterling, heute erzielt man nur gelegentlich vier Pfund dafür.

Auf Aran ist sogar eine solche Arbeit interessant. Der niedrige, von Flammen umloderte Brennofen, umgeben von dichten Wolken milchigen Rauches, eine Gruppe von rot- und graugekleideten Arbeitern, die sich im Qualm hin- und herbewegen, und dazu gewöhnlich noch ein paar berockte Jungen und Frauen, die Getränke bringen – alles dies verbindet sich zu einer Szene voller Vielfalt und Farbigkeit wie auf Bil-

dern aus dem Orient. Die Männer sind sich auf irgendeine Weise der Besonderheit ihrer Inseln bewußt und zeigen mir voll Stolz ihre Arbeit. Gestern sagte mir einer von ihnen:
»Ich denke mir, du hast niemals zuvor so eine Arbeit wie diese hier gesehen.«
»Das ist wahr«, sagte ich, »das habe ich auch nicht.«
»Nun denn«, sagte er, »ist es nicht ein großes Wunder, daß du Frankreich und Deutschland und den Papst gesehen hast, und hast doch nie einen Mann gesehen, der Kelp macht, bevor du nach Inishmaan gekommen bist.«

Alle Pferde dieser Insel werden von Juni bis Ende September auf die Hügel von Connemara auf die Weide gebracht, da es hier während des Sommers für sie nichts zu fressen gibt.
Verschiffung und Transport sind noch schwieriger als beim Hornvieh. Es sind zum größten Teil Connemara-Ponys, und ihre Angst und gleichzeitig ihre große Kraft machen es schwierig, sie auf der engen Mole in der Gewalt zu behalten. Auch im Huker ist es gar nicht leicht, sie sicher auf die Füße zu bringen, da ja nur wenig Platz vorhanden ist. Man geht mit ihnen um wie mit dem Vieh, über dessen Verladung ich schon berichtet habe; die Aufregung ist jedoch noch um vieles größer, und unbeschreiblich ist das gälische Geschrei, das sich jedesmal erhebt, wenn ein Pferd von der Mole gestoßen wird, und anhält, bis es sicher auf seinem Platz steht. Zwanzig Jungen und Männer heulen und schreien in größter Aufregung, sie fluchen und brüllen gute Ratschläge, aber die meiste Zeit, ohne zu wissen, was sie sagen.

Abgesehen von diesem primitiven Geschrei zeigt sich jedoch Gewandtheit und Kraft der Männer hier besser als bei irgendeiner anderen Tätigkeit, die ich gesehen habe. Ich beobachtete besonders den Besitzer eines vom Norden der Insel stammenden Hukers, den man heute morgen belud. Er schien ein Pferd, wenn es von der Spitze des Mastbaumes herabschwang, nur durch sein Körpergewicht halten zu können, und sogar in Augenblicken der größten Aufregung behielt er eine humorvolle Ruhe. Manchmal landete ein großes Pferd seitwärts auf den Rücken der anderen und stieß um sich, bis der Laderaum mit einer Masse kämpfender Zentauren gefüllt zu sein schien, denn oft springen die Männer selbst hinunter und versuchen, die Tiere vor Verletzungen zu schützen. Die Rücken der Pferde, die zuerst verladen worden sind, werden oft von den Hufen der nachkommenden ziemlich aufgeschlagen, aber sonst scheinen sie nicht sehr viel schlechter daran zu sein. Da sie nicht auf den Markt kommen, spielt es keine große Rolle, in welchem Zustand sie an Land kommen.

Auf der Insel gibt es nur einen einzigen Sattel mit Zaum, den der Priester benutzt, wenn er am Sonntag nach dem Gottesdienst von der Kapelle zum Pier reitet. Die Inselbewohner selbst reiten mit einem einfachen Halfter und einem Stock, und dabei manchmal in rasendem Galopp, besonders auf der größeren Insel. Da die Pferde gewöhnlich mit Tragkörben versehen sind, sitzt der Reiter seitwärts über dem Widerrist, und wenn die Körbe leer sind, reitet er in der gleichen Stellung, ohne sich irgendwo festzuhalten.

Auf Aranmor traf ich öfters einen Trupp, der mit

leeren Tragkörben von Kilronan nach Westen ritt. Lange, bevor er in Sicht kam, hörte ich das Schlagen der Hufe, dann kam ein wilder Haufen von Pferden in rasendem Galopp mit weit vorgestreckten Köpfen um eine Ecke, ohne von dem dünnen Halfter, das die einzige Kontrolle erlaubt, überhaupt Notiz zu nehmen. Meistens galoppieren sie mit einigen Metern Abstand in einer Reihe hintereinander, und da es ja sonst keinen Verkehr gibt, ist ein Unfall nicht zu befürchten. Gelegentlich reiten Frau und Mann zusammen. Dann sitzt der Mann wie allgemein üblich, und die Frau sitzt seitlich hinter ihm und umschlingt seine Hüfte.

Jeden Tag kommt der alte Pat Dirane, um sich mit mir zu unterhalten, und manchmal bringe ich das Gespräch auf seine Erlebnisse mit den Elfen. Er sagt, er habe viele in den verschiedensten Teilen der Insel gesehen, besonders in den sandigen Gebieten nördlich der Mole. Sie sind etwa einen Meter groß und tragen über die Gesichter gezogene Mützen »wie die Polizisten«. Einmal sah er sie am Abend gleich oberhalb der Mole Ball spielen, und er sagt, diese Stelle müsse ich am Morgen oder nach Einbruch der Dunkelheit meiden, da sie mir sonst Schaden zufügen könnten.

Er hat auch zwei Frauen gesehen, die mit ihnen »fort« waren, die eine gerade erst verheiratet, die andere noch ein Mädchen. Die Frau stand an einer Mauer an einem im Norden der Insel gelegenen Ort, den er mir mit großer Genauigkeit beschrieb.

In einer anderen Nacht wieder hörte er einen Schrei auf Irisch: »Mháthair tá mé marbh – O Mutter, ich werde getötet«, und am Morgen war Blut an der

Mauer seines Hauses, und in einem nahe gelegenen Haus war ein Kind gestorben.
Gestern nahm er mich beiseite und sagte, er würde mir ein Geheimnis verraten, das er noch niemandem auf der Welt gesagt habe.
»Nimm eine scharfe Nadel«, sagte er, »und stecke sie unter den Kragen deines Mantels, und nicht einer von ihnen wird über dich Macht haben können.«
Eisen ist bei primitiven Völkern ein bekannter Talisman, aber in diesem Fall spielte wahrscheinlich auch die besonders scharfe Spitze eine Rolle, dazu kommt vielleicht noch ein Gefühl für das Geweihte des Werkzeuges, ein in Britannien verbreiteter Volksglaube.
Die Elfen sind in Mayo zahlreicher als in anderen Grafschaften. Sie scheinen sich jedoch besonders gerne in bestimmten Gebieten Galways aufzuhalten, wo sich die folgende Geschichte zugetragen haben soll.

Ein Bauer war in großer Not, da ihm seine Ernte verdorben und ihm seine Kuh gestorben war. Eines Abends bat er seine Frau, ihm einen schönen neuen Sack für Mehl zu machen bis zum nächsten Morgen. Und als dieser fertig war, ging er damit weg, vor Anbruch der Dämmerung.
Zu dieser Zeit war da ein Herr, der von den Elfen geholt worden war und den sie zum Anführer bei sich gemacht hatten, und oft geschah es, daß Leute ihn und die Elfenkönigin in der Morgendämmerung und am Abend auf einem weißen Pferd reiten sahen.
Der arme Mann ging zu dem Ort, wo man den Herrn gewöhnlich sah, und als er auf seinem Pferd vorbei-

kam, bat er ihn um ein Darlehen von zweihundert-einhalb Mehl, denn er war in großer Not.
Der Anführer rief die Elfen aus einem Loch in den Felsen heraus, wo sie ihren Weizen aufgehoben hatten, und befahl ihnen, dem armen Mann zu geben, um was er gebeten hatte. Dann forderte er ihn auf, in einem Jahr zurückzukommen und ihn zu bezahlen, und ritt fort.
Als der arme Mann nach Hause gekommen war, schrieb er sich den Tag auf ein Stück Papier, und an diesem Tag nach einem Jahr kam er wieder und bezahlte den Anführer der Elfen.

Als er seine Geschichte beendet hatte, fügte der Alte noch hinzu, die Elfen bekämen ein Zehntel aller Erzeugnisse des Landes und errichteten davon Vorratslager in den Felsen.

Heute ist Feiertag, und ich bin heraufgekommen, um auf dem Dun zu sitzen, solange die Leute in der Messe sind.
So wie manchesmal an Sonntagen liegt an diesem Morgen eine besondere Ruhe über der Insel. Sie füllt die zwei Kreise von Meer und Himmel mit der Stille einer Kirche. Die hier bestehende Einheit der Landschaft ruft besonders stark die Vorstellung von einer grauen leuchtenden Wolke wach. Es gibt keinen Wind und kein bestimmtes Licht. Aranmor scheint auf einem Spiegel zu schlafen, und die Hügel von Connemara sind so nahe herangerückt, daß ich über die Breite der Bucht erstaunt bin, die vor ihnen liegt und die heute morgen eine eigenartige Stimmung hat, wie sie sich gelegentlich an einem See beobachten läßt.

Hier auf den Felsen, wo es keine Pflanzen oder Tiere gibt, sind alle Jahreszeiten gleich, und dieser Junitag ist so voller Herbst, daß ich unwillkürlich auf das Rascheln fallender Blätter horche.
Die erste Gruppe von Männern kommt aus der Kirche, gefolgt von einigen Frauen, die sich am Tor teilen und sich in verschiedene Richtungen verlieren, während die Männer noch auf der Straße herumstehen, um sich zu unterhalten. Die Stille ist zerbrochen. Ich kann von weit her, wie übers Wasser kommend, ein schwaches Gemurmel von Gälisch hören.
Am Nachmittag kam die Sonne heraus, und ich wurde nach Kilronan hinübergerudert. Als meine Begleiter die Curagh heranbrachten, um mich von einer Landzunge nahe der Mole an Bord zu nehmen, liefen sie auf eine blinde Klippe auf und kamen mit viel Wasser im Boot an Land. Sie verstopften das Loch mit einem Stück Sackleinwand, das sie von einem für den Priester in Kilronan bestimmten Kartoffelsack gerissen hatten, und wir fuhren los, nur ein Stück zerrissener Leinwand zwischen uns und dem Atlantik. Alle paar hundert Meter mußte einer der Ruderer Wasser schöpfen, das Loch wurde jedoch nicht größer.
Als wir halbwegs über die Meerenge waren, trafen wir auf eine andere Curagh, die uns mit gesetzten Segeln entgegenkam. Nach einigen gälischen Rufen begriff ich, daß sie ein Päckchen Briefe und Tabak für mich mithatten. Wir kamen so nah längsseits, wie es bei dem Wellengang möglich war, und die vom Gischt nassen Sachen wurden mir hinübergeworfen.
Nach all den Wochen auf Inishmaan schien Kilronan ein Ort großer Aktivität zu sein. Die schon halbzivi-

lisierten Fischer der größeren Insel verachten mehr und mehr das einfache Leben auf Inishmaan. Einige von ihnen standen am Ufer, als ich an Land ging, und fragten mich, was in aller Welt ich dort drüben mit meiner Zeit anfinge, wenn ich nicht mal anständigem Fischen zusehen könnte.

Ich ging kurz in das Hotel, um mit dem alten Ehepaar zu reden, dann weiter, um noch einige andere Besuche im Dorf zu machen. Später am Abend ging ich die nördliche Straße entlang, wo ich vielen Bewohnern der außerhalb liegenden Dörfer begegnete, die für den Feiertag nach Kilronan gekommen waren und jetzt in verstreuten Gruppen nach Hause wanderten.

Wenn keine Männer dabei waren, versuchten die Frauen und Mädchen meistens, ihre Späße mit mir zu machen.

»Du bist wohl müde, Fremder?« sagte eines der Mädchen. Ich ging sehr langsam, um die Zeit bis zu meiner Rückfahrt nach dem Osten auszufüllen.

»Das bin ich nicht, kleines Mädchen«, antwortete ich auf Gälisch, »einsam bin ich.«

»Hier ist meine kleine Schwester, Fremder, die wird dir ihren Arm geben.«

Und so ging es weiter. So still diese Frauen im allgemeinen sind – sind zwei oder drei von ihnen in den Feiertagsröcken und guten Tüchern zusammen, so sind sie genauso ausgelassen und mutwillig wie Frauen, die in der Stadt leben.

Etwa um sieben Uhr kam ich nach Kilronan zurück und trommelte meine Mannschaft aus den Gasthäusern nahe der Bucht zusammen. In ihrer üblichen Sorglosigkeit hatten sie sich weder um das Leck der

Curagh gekümmert noch um ein Ruder, das die Halterung zu verlieren drohte, mit der es am Dollbord befestigt ist, und in rasender Eile machten wir uns auf die Fahrt über den Sund, während die Wasserlache zu unseren Füßen immer tiefer wurde. Ein herrliches Abendlicht lag über der Insel, und jetzt freute ich mich über unseren verspäteten Aufbruch. Wenn man zurückblickte, lag ein goldener Dunst hinter den scharfen Umrissen des Felsens, und die Sonne machte Brillanten aus den Blasen, die die Ruder im Kielwasser zurückließen.

Nach ihrer Portion Porter waren die Männer außergewöhnlich redselig. Sie zeigten mir Dinge, die ich längst kannte, und hielten immer wieder an, damit ich den öligen Makrelengeruch bemerken sollte, der aus den Wogen stieg. Sie erzählten mir, daß morgen früh die Gerichtsvollzieher auf die Insel kämen, und sie berichteten mir lange über ihre Einkünfte und Ausgaben im Jahr und von ihren Schwierigkeiten mit der Pacht.

»Die Pacht ist schlimm genug für einen armen Mann«, sagte einer von ihnen, »aber diesmal haben wir nicht bezahlt, und hinter jedem von uns sind sie mit Vollstreckungsprozessen her. Jeder wird seine Pacht jetzt bezahlen müssen und eine Masse Geld noch dazu für die Vollstreckung, und ich denke, der Gerichtsvollzieher wird durch die Eintreibung genug Geld verdienen, um für ein ganzes Jahr sein Dienstmädchen und seinen Hausmeister zu bezahlen.«

Darauf fragte ich, wem die Insel gehöre.

»Nun«, sagten sie, »wir haben immer nur gehört, daß sie dem Fräulein ... gehört, und sie ist tot.«

Als die Sonne wie eine golden flammende Raute ins Meer getaucht war, wurde es sehr kalt. Dann redeten die Männer miteinander, und ich verlor den Faden. Halb im Traum lag ich im Boot und sah auf die bleiche ölige See um uns her und auf die niedrigen Klippen der Insel, die hinter dem Dorf mit seinen Rauchfahnen bis zu den Umrissen des Dun Conor aufstiegen.

Als ich wieder ins Haus kam, war der alte Pat da, und nach dem Abendessen erzählte er eine lange Geschichte.

Es war einmal eine Witwe, die lebte im Wald, und ihr einziger Sohn lebte mit ihr zusammen. Er ging jeden Morgen hinaus in den Wald, um Reisig zu sammeln, und eines Tages, als er auf dem Boden lag, sah er einen Schwarm von Fliegen über dem, was die Kuh zurückläßt. Er nahm seine Sichel und tat einen Schlag nach ihnen, und er schlug so gut zu, daß er keine einzige von ihnen am Leben ließ.
An diesem Abend sagte er zu seiner Mutter, es sei Zeit, daß er in die Welt hinausgehe und sein Glück suche, denn er könne einen ganzen Schwarm Fliegen mit einem Schlag umbringen, und er bat sie, ihm drei Kuchen zu machen, um sie am Morgen mitzunehmen.
Er brach am nächsten Tag kurz nach der Dämmerung auf mit den drei Kuchen in der Tasche, und er aß einen von ihnen, etwa um zehn Uhr. Er wurde wieder hungrig am Mittag und aß den zweiten. Und als die Nacht über ihn kam, aß er den dritten. Danach traf er einen Mann auf der Straße, der fragte ihn, wohin er gehe.

»Ich suche nach einem Ort, wo ich um meinen Unterhalt arbeiten kann«, sagte der junge Mann.
»Komm mit mir«, sagte der andere Mann, »und schlafe heute nacht in der Scheune, und ich werde dir morgen Arbeit geben und dann sehen, wozu du zu gebrauchen bist.«
Am nächsten Morgen brachte der Bauer ihn hinaus und zeigte ihm seine Kühe und befahl ihm, sie auf die Hügel zur Weide zu führen und gut aufzupassen, daß niemand ihnen nahe käme, um sie zu melken. Der junge Mann trieb die Kühe auf die Felder, und als die Hitze des Tages kam, legte er sich auf den Rücken und sah in den Himmel. Nach einer Weile sah er einen schwarzen Fleck im Nordwesten, und der wurde größer und kam näher, bis er einen gewaltigen Riesen auf sich zukommen sah. Er stellte sich auf die Füße, und er ergriff den Riesen an den Beinen mit seinen zwei Armen und trieb ihn in die harte Erde bis über die Knöchel, so daß der sich nicht befreien konnte. Dann sagte der Riese, er solle ihm keinen Schaden zufügen, gab ihm seine Wünschelrute und sagte ihm, er solle damit auf den Felsen schlagen, dann würde er sein schönes schwarzes Pferd finden und sein Schwert und seine schönen Kleider.
Der junge Mann schlug auf den Felsen, der öffnete sich vor ihm, und er fand da das schöne schwarze Pferd und das Schwert des Riesen und das Kleid. Er nahm nur das Schwert heraus, führte einen Hieb damit und schlug dem Riesen den Kopf ab. Dann steckte er das Schwert in den Felsen zurück und ging wieder zu seinem Vieh, bis es Zeit war, es nach Hause zu dem Bauern zu treiben.

Als sie dann die Kühe molken, fanden sie eine riesige Menge Milch bei ihnen, und der Bauer fragte den jungen Mann, ob er draußen auf den Hügeln nichts gesehen habe, denn die anderen Kuhhüter hatten das Vieh ohne einen Tropfen Milch nach Hause gebracht. Doch der junge Mann sagte, er habe nichts gesehen.

Am nächsten Tag ging er wieder hinaus mit den Kühen. Er legte sich in der Hitze des Tages auf den Rükken, und nach einer Weile sah er einen schwarzen Punkt im Nordwesten; der wurde größer und kam näher, bis er sah, es war ein gewaltiger Riese, der ihn anzugreifen kam.

»Du hast meinen Bruder getötet«, sagte der Riese, »komm nur her, ich mache dich zum Strick.«

Der junge Mann ging auf ihn zu, ergriff ihn an den Beinen und trieb ihn bis über die Knöchel in die harte Erde. Dann schlug er mit der Wünschelrute auf den Felsen, nahm das Schwert heraus und schlug den Kopf des Riesen ab.

An diesem Abend fand der Bauer zweimal soviel Milch in den Kühen als am Abend vorher, und er fragte den jungen Mann, ob er irgend etwas gesehen habe. Der junge Mann sagte, er habe nichts gesehen.

Am dritten Tag ging der dritte Riese auf ihn los und sagte: »Du hast meine beiden Brüder getötet, komm her, ich mache dich zum Strick.«

Und er tat mit diesem Riesen das gleiche, was er mit den anderen beiden gemacht hatte, und an diesem Abend war so viel Milch in den Kühen, daß es aus ihren Eutern auf den Weg tropfte.

Am nächsten Tag rief ihn der Bauer und sagte ihm, er solle die Kühe an diesem Tag im Stall lassen, denn es gäbe etwas Wunderbares zu sehen, nämlich eine Königstochter, die von einem großen Fisch gefressen würde, wenn es nicht jemand gäbe, der sie retten könnte. Aber der junge Mann sagte, dieser Anblick sei ihm gleichgültig, und er ging mit den Kühen hinaus auf die Hügel. Als er zu dem Felsen kam, schlug er auf ihn mit der Rute und brachte das Kleid heraus und legte es an und brachte das Schwert heraus und band es sich an die Seite wie ein Offizier, und er setzte sich auf das schwarze Pferd und ritt schneller als der Wind, bis er dorthin kam, wo die schöne Königstochter auf einem goldenen Stuhl an der Küste des Meeres saß und auf den großen Fisch wartete.

Als der große Fisch von der See herankam, größer als ein Wal und mit zwei Flügeln auf dem Rücken, ging der junge Mann hinunter in die Brandung und schlug mit dem Schwert nach ihm und hieb einen seiner Flügel ab. Das ganze Meer wurde rot durch das viele Blut, das herausschoß, bis der Fisch wegschwamm und den jungen Mann an der Küste zurückließ.

Dann wendete er sein Pferd und ritt schneller als der Wind, bis er an den Felsen kam, und er zog das Kleid aus und tat es zurück in den Felsen mit dem Schwert des Riesen und dem schwarzen Pferd und trieb die Kühe zum Hof zurück. Der Mann kam heraus zu ihm und sagte, er hätte das größte Wunder versäumt, das es jemals gegeben habe, und daß ein edler Mann gekommen sei, angetan mit einem schönen Kleid, und eine der Schwingen des großen Fisches abgehauen habe. »Und in derselben Not wird sie noch an zwei Morgen sein«, sagte der Bauer, »und du tust gut daran, mitzukommen und das anzusehen.« Aber der junge Mann sagte, er würde nicht kommen.

Am nächsten Morgen ging er mit den Kühen hinaus, und er nahm das Schwert und das Kleid und das schwarze Pferd aus dem Felsen, und er ritt schneller als der Wind, bis er dahin kam, wo die Königstochter am Ufer saß. Als die Leute ihn kommen sahen, wunderten sie sich sehr und wollten gerne wissen, ob es der gleiche Mann sei, den sie am Tag vorher gesehen hatten. Die Tochter des Königs rief ihn heranzukommen und vor ihr niederzuknien, und als er niederkniete, nahm sie die Schere und schnitt ihm eine Haarlocke vom Kopf und versteckte sie in ihrem Kleid.

Dann kam der große Fisch von der See herein, und er ging hinunter in die Brandung und hieb ihm die andere Schwinge ab. Das ganze Meer wurde rot von dem vielen Blut, bis der Fisch wegschwamm und sie zurückließ.

An diesem Abend kam der Bauer zu ihm und erzählte ihm von dem großen Wunder, das er versäumt hatte, und fragte ihn, ob er nicht am nächsten Tag hingehen und es auch sehen wolle. Der junge Mann aber sagte, er würde nicht hingehen.

Am dritten Tag kam er wieder auf dem schwarzen Pferd dorthin, wo die Königstochter auf einem goldenen Stuhl saß und auf den großen Fisch wartete. Als der von der See hereinkam, stellte sich der junge Mann vor ihn hin, und jedesmal, wenn der Fisch den Schlund öffnete, um ihn zu fressen, schlug er hinein, bis das Schwert durch seinen Hals drang, und der Fisch rollte zurück und starb.

Dann ritt er hinweg schneller als der Wind, und er tat

das Kleid und das Schwert und das schwarze Pferd in den Felsen und trieb die Kühe nach Hause. Der Bauer war vor ihm dort, und er erzählte ihm, da würde eine große Hochzeitsfeier drei Tage lang gehalten, und am dritten Tag würde die Königstochter mit dem Mann verheiratet werden, der den großen Fisch getötet hatte, wenn sie ihn finden würden.
Ein großes Fest wurde veranstaltet, und Männer von großer Stärke kamen und sagten, sie seien es gewesen und sie hätten den großen Fisch getötet.
Aber am dritten Tag zog der junge Mann das Kleid an und band das Schwert an seine Seite wie ein Offizier und stieg auf das schwarze Pferd und ritt schneller als der Wind, bis er zum Palast kam. Die Königstochter sah ihn, und sie holte ihn hinein und ließ ihn vor sich hinknien. Dann sah sie auf seinen Hinterkopf, und sie sah die Stelle, wo sie mit ihrer eigenen Hand die Locke abgeschnitten hatte. Sie führte ihn zum König hinein, und sie wurden verheiratet, und der junge Mann bekam das ganze Reich.
Das ist meine Geschichte.

Zwei kürzliche Versuche, auf der Insel Zwangsräumungen und Pachteintreibungen durchzuführen, waren erfolglos geblieben, denn jedes Mal, wenn der Dampfer sich der Insel näherte, war – wie es heißt – durch die Macht einer Hexe ein plötzlicher Sturm aufgekommen, und der Dampfer hatte nicht anlegen können. Der heutige Morgen jedoch brach unter einem klaren Junihimmel an, und als ich ins Freie kam, glänzten Meer und Felsen in strahlender Helligkeit. Gruppen von Männern standen in Feiertagskleidern herum und unterhielten sich zornig und ängstlich zugleich, dabei waren sie anscheinend insgeheim froh über den dramatischen Aufzug, der die Stille des Meeres unterbrechen sollte. Etwa um halb zehn Uhr kam der Dampfer im schmalen Ausschnitt des Horizontes in der Mitte der Bucht in Sicht, und sogleich versuchte man noch einmal, die Kühe und Schafe der am meisten verschuldeten Familien zu verstecken.

Bis zu diesem Jahr hatte sich nie jemand auf der Insel selbst gefunden, der dem Gericht bei der Eintreibung geholfen hätte, so daß es nie möglich war, das Vieh der Schuldner zu identifizieren. Diesmal aber hat ein Mann mit Namen Patrick seine Ehre verkauft, und der Versuch, das Vieh zu verstecken, ist deshalb praktisch umsonst. Dieser Verrat an der alten Gemeinschaft der Insel hat große Empörung hervorgerufen, und gestern früh, während ich auf dem Dun meinen Träumen nachhing, wurde folgender Brief an die Tür der Kirche genagelt:

»Patrick, du Teufel, ein Revolver wartet auf dich. Falls dich der erste Schuß verfehlt, die fünf anderen werden dich treffen. Jedem, der mit dir spricht oder mit dir arbeitet oder ein Glas Porter in deinem Laden trinkt, wird das gleiche geschehen wie dir.«

Als der Dampfer näher kam, ging ich mit den Männern hinunter, die Ankunft zu beobachten. Niemand ging aber näher als bis auf etwa eine Meile ans Ufer heran.

Zwei Curaghs aus Kilronan mit einem Mann, der die Häuser bezeichnen sollte, mit dem Arzt und dem Armenpfleger trieben wartend auf dem Wasser, da sie ohne die Unterstützung des größeren Trupps nicht an

Land kommen wollten. Es wurde Anker geworfen. Es berührte mich scheußlich, zu sehen, wie man die Boote zu Wasser ließ und die Sonne auf den Gewehren und Helmen der in die Boote drängenden Polizeitruppe blitzte. Nachdem sie an Land gegangen waren, formierten sie sich zu einer dichten Marschkolonne, ein Befehl wurde gegeben, und das schwere Stampfen ihrer Stiefel kam über die Felsen herauf. Wir zogen uns in zwei Reihen auf beiden Seiten der Straße auseinander, und wenig später passierte uns die Gruppe von schwerbewaffneten Männern, gefolgt von niedrigem Gesindel, das man als Zutreiber für den Sheriff mitgebracht hatte. Nach all den Wochen unter den einfachen Menschen war der Anblick dieser modernen Menschensorte nicht gerade ermutigend, aber diese unpersönliche Polizei zusammen mit den üblichen Agenten und Gerichtsvollziehern und dem anderen gekauften Pöbel vertrat ja nun einmal die legale Macht der sogenannten Zivilisation, in deren Namen die Wohnstätten der Insel entweiht werden sollten.

An einem der ersten Häuser des Dorfes wurde haltgemacht, und man machte sich ans Werk. Jedoch kam hier und auch an der nächsten Hütte ein Vergleich zustande, da im letzten Moment einige Verwandte das Geld vorstreckten, das für einen Aufschub nötig war. In einem anderen Fall befand sich ein krankes Mädchen im Haus, so daß der Arzt einschritt und es den Leuten nach einer nur formalen Zwangsräumung erlaubt wurde, wohnen zu bleiben.

Gegen Mittag aber kam ein Haus an die Reihe, wo es keine Gnade mehr gab und auch kein Geld mehr einzutreiben war. Auf ein Zeichen des Sheriffs begann man damit, die Betten und das Hausgerät herauszutragen, und dies mitten in einer Menge von Inselbewohnern, die in tiefem Schweigen zusahen. Nur die wilden Verwünschungen der Hausbewohnerin unterbrachen die Stille. Sie gehörte zu einer der ärmlichsten Familien der Insel, und sie wurde von hemmungsloser Wut gepackt, als sie die fremden, bewaffneten Männer sah, die eine Sprache sprachen, die sie nicht verstand, und die sie von dem Herd vertrieben, an dem sie dreißig Jahre lang gesessen hatte. Für diese Menschen bedeutet die Entweihung ihres Herdes das Schlimmste, was ihnen geschehen kann. Sie leben hier in einer grauen Welt, wo es in jeder Woche des Jahres wüste Regenfälle und feuchte Nebel gibt, und ihre warmen, mit Kindern und jungen Mädchen gefüllten Ofenecken sind derart im Bewußtsein jeder Familie verankert, wie man das in zivilisierteren Gegenden nicht mehr versteht. Die Schändung eines Grabes in China ist für die Chinesen wahrscheinlich kein schwererer Schlag als für die Menschen von Inishmaan die Vertreibung vom häuslichen Herd.

Als die wenigen Sachen herausgetragen waren und die Tür mit Steinen verschlossen worden war, setzte sich die alte Frau an die Schwelle und bedeckte den Kopf mit ihrem Tuch. Fünf oder sechs andere Frauen aus der Nachbarschaft setzten sich in stiller Teilnahme in einem Kreis um sie herum. Dann zog die Menge mit der Polizei weiter zu einem anderen Haus, wo sich die gleiche Szene abspielte, und ließ die verzweifelten Frauen bei der Hütte zurück.

Noch immer waren keine Wolken am Himmel, und es

war sehr heiß. Wenn sie nicht in Aktion waren, lagen die Polizisten schwitzend und keuchend im Schatten der Wälle und hatten die Uniformröcke aufgeknöpft. Sie boten einen nicht gerade anziehenden Anblick, besonders im Vergleich zu den Inselbewohnern, die hin und her liefen und dabei kühl und frisch aussahen wie die Möwen.

Nach der letzten Räumung teilte man sich: eine Gruppe machte sich mit dem Helfer auf, im Inneren der Insel nach dem am frühen Morgen versteckten Vieh zu suchen, die andere blieb auf der Dorfstraße zurück, um ein paar Schweine zu bewachen, die man schon beschlagnahmt hatte.

Etwas später entkamen zwei Schweine ihren Treibern, und es begann eine wilde Jagd die Straße hinauf und hinab. Die Leute schrien und johlten, um die Angst der Tiere zu vergrößern, und schließlich gerieten einige von ihnen so außer Rand und Band, daß die Polizisten es an der Zeit fanden, einzugreifen. Sie bildeten eine doppelte Reihe gegenüber der Sackgasse, wo man die Tiere zusammengetrieben hatte. Kurz darauf begann die Schreierei wieder, diesmal im Westen: Die zwei Schweine tauchten auf und rasten, die Treiber dahinter, auf der Mitte der Straße heran. Sie erreichten die Reihe der Polizisten. Es entstand ein kleines Handgemenge, und die Schweine rasten weiter nach Osten. Hinter ihnen lagen drei Polizisten im Staub. Die Freude der Leute war riesengroß. Sie schrien und umarmten sich vor Vergnügen, und die zwei Tiere werden wohl noch für Generationen in der Tradition der Insel weiterleben.

Zwei Stunden später kam die andere Abteilung zurück und trieb drei magere Kühe vor sich her. Dann machte man sich zur Mole auf. Am Wirtshaus bekamen die Polizisten noch etwas zu trinken, während die dichte Menge, die ihnen gefolgt war, auf der Straße wartete. Der Stier der Insel war gerade auf einem Feld in der Nähe, und er wurde wild, als er die Kühe und die fremden uniformierten Männer sah. Zwei junge Inselbewohner schoben sich in meine Nähe, als ich an einem Wall rastete, und einer von ihnen flüsterte mir ins Ohr: »Meinst du, sie würden uns Strafe zahlen lassen, wenn wir den Stier auf sie loslassen?« Angesichts der großen Anzahl Frauen und Kinder konnte ich nur sagen, das sei wohl anzunehmen, und sie schlichen wieder davon.

An der Mole gab es noch viel Hin und Her, was schließlich damit endete, daß man das Vieh den Besitzern zurückgab. Es hatte einfach keinen Zweck, es mitzunehmen, da es nichts wert war.

Nachdem sich der letzte Polizist eingeschifft hatte, trat eine alte Frau aus der Menge, kletterte auf einen nahen Felsen und begann einen wilden Gesang auf Gälisch, deutete auf den Verräter und schlug in größter Wut mit den Greisenarmen um sich.

»Dieser Mann ist mein eigener Sohn«, schrie sie. »Ich bin es, die ihn kennen sollte. Er ist der größte Schuft auf der ganzen weiten Welt.«

Dann beschrieb sie sein Leben mit solch wütendem Haß, daß ich es gar nicht wiedergeben kann. Als es immer weiterging, wurde die Erregung der Leute so groß, daß ich fürchtete, man würde den Mann steinigen, bevor er zu seiner Hütte gelangen konnte.

Auf diesen Inseln leben die Frauen nur für ihre Kin-

der, und daran läßt sich ermessen, wie gewaltig der Drang der Triebe war, der diese alte Frau vortreten und ihren Sohn verfluchen ließ. In ihrer vor Wut rasenden Sprache kann ich wieder das eigenartig unzugängliche Temperament der Inselbewohner erkennen, und mir scheint, daß hier der Geist einer Leidenschaft zu spüren ist, der sich nur in besonderen Augenblikken mit großen Worten und Gesten ausdrückt.
Der alte Pat hat mir eine Geschichte erzählt, die Geschichte von der Gans, die goldene Eier legt und die er Phönix nennt.

Eine arme Witwe hatte drei Söhne und eine Tochter. Eines Tages, als ihre Söhne draußen waren, um Reisig im Wald zu suchen, sahen sie einen schönen gefleckten Vogel zwischen den Bäumen fliegen. Am nächsten Tag sahen sie ihn wieder, und der älteste Sohn sagte seinen Brüdern, sie sollten weiter nach Holz suchen, denn er wollte dem Vogel nach. Er ging ihm nach und brachte ihn mit sich, als er am Abend nach Hause kam. Sie legten ihn in einen alten Hühnerkorb, und sie gaben ihm etwas von dem Essen, das sie für sich selber hatten; ich weiß nicht, ob er das fraß, aber sie teilten jedenfalls, was sie selbst hatten, sie konnten nicht mehr tun.
In der Nacht legte der Vogel ein schönes geflecktes Ei in den Korb, in der nächsten Nacht legte er wieder eines. Da kam sein Name in die Zeitung, und viele hörten von dem Vogel, der die goldenen Eier legte, denn die Eier waren aus Gold, und das ist nicht gelogen.
Als die Jungen am nächsten Tag zum Laden gingen,

um ein wenig Essen einzukaufen, fragte sie der Kaufmann, ob er ihnen den Vogel abkaufen könne. Und das wurde dann folgendermaßen abgemacht: Der Kaufmann würde die Schwester der Jungen heiraten – ein armes, einfaches Mädchen ohne nur die geringsten guten Kleider – und würde den Vogel mit ihr zusammen bekommen.
Einige Zeit danach verkaufte einer der Jungen ein Ei des Vogels an einen Herrn, der gerade auf dem Lande war. Der Herr fragte ihn, ob er den Vogel noch habe. Er sagte, daß der Mann, der seine Schwester geheiratet hätte, den Vogel bekommen habe.
Der Herr sagte: »Nun, der Mann, der das Herz dieses Vogels ißt, wird jeden Morgen einen Sack Gold unter sich finden, und derjenige, der die Leber ißt, wird König von Irland sein.«
Der Junge ging hin – er war ein einfacher, armer Kerl – und sagte das dem Kaufmann. Da brachte der Kaufmann den Vogel herein und tötete ihn, und er aß das Herz und er gab die Leber seiner Frau. Als der Junge das sah, bekam er großen Zorn, und er ging zurück und erzählte das dem Herrn.
»Tu, was ich dir jetzt sage«, sagte der Herr. »Geh hin und sage dem Kaufmann und seiner Frau, sie sollen zu mir kommen und mit mir Karten spielen, denn einsam bin ich heute abend.«
Als der Junge fort war, mischte er ein Brechmittel und goß es in eine Flasche Whisky und legte ein festes Tuch auf den Tisch unter die Karten.
Der Mann kam mit seiner Frau, und sie fingen an zu spielen. Der Kaufmann gewann das erste Spiel, und der Herr ließ sie einen Schluck Whisky trinken. Sie

spielten weiter, und der Kaufmann gewann das zweite Spiel. Dann ließ der Herr ihn noch mehr Whisky trinken.

Als sie das dritte Spiel machten, erbrachen sich der Kaufmann und seine Frau auf das Tuch, und der Junge hob es auf und trug es in den Hof, denn der Herr hatte ihm gesagt, was er vorhatte. Dann fand er das Herz des Vogels, und er aß es, und am nächsten Morgen, als er sich in seinem Bett umdrehte, war da ein Beutel voll Gold unter ihm.

Das ist meine Geschichte.

Wenn der Dampfer kommt, suche ich fast immer die Mole auf, da sich dort gewöhnlich die Männer einfinden, wenn das Schiff draußen auf dem Meer auftaucht. Dann liegen sie zwischen den Curaghs, bis der Dampfer die Südinsel angelaufen hat und man ihn auf uns zukommen sieht.

Heute früh unterhielt ich mich lange mit einem alten Mann, der sich sehr über den Fortschritt freute, den er hier während der letzten zehn oder fünfzehn Jahre miterlebt hat.

Bis vor kurzem gab es keine Verbindung mit dem Festland außer durch Huker, die langsam waren und die Fahrt nur bei einigermaßen gutem Wetter unternehmen konnten, so daß ein Inselbewohner, der zum Markt fuhr, häufig drei Wochen bis zur Rückkehr brauchte. Jetzt aber läuft der Dampfer die Insel zweimal in der Woche an, und die Reise läßt sich in drei oder vier Stunden machen.

Der Pier hier ist ebenfalls eine Neuerung, und von ihm wird auch oft geredet, da die Huker, die ja immer noch mit Torf und Vieh fahren, dort ausladen und auch ihre Fracht unmittelbar von der Küste aufnehmen können. Das Wasser am Pier ist jedoch nur dann für einen Huker tief genug, wenn die Flut ihren Höhepunkt fast erreicht hat. Der Dampfer kann auf keinen Fall anlegen, so daß Passagiere noch immer nur mit Curaghs an Land gehen können. Die Mole, die der südlichen Insel am nächsten liegt, ist außerordentlich nützlich, dies aber nur bei ruhigem Wetter. Sie ist dem schweren Seegang vom Süden her ausgesetzt und liegt an einer so schmalen Stelle, daß die Curaghs Gefahr laufen, sie bei der starken Brandung zu verfehlen. Bei schlechtem Wetter stehen vier Männer oft fast eine Stunde lang mit den Händen an der Curagh an der Spitze der Mole und beobachten einen Felsvorsprung im Süden, an dem sie die Stärke der herankommenden Wellen sehen können. Sobald eine Unterbrechung erkennbar ist, stürzen sie sich in die Brandung, bringen die Curaghs zu Wasser und rudern so schnell sie können aufs Meer hinaus. Das Landen macht die gleichen Schwierigkeiten, und wenn sie den Moment schlecht abgepaßt haben, kann es geschehen, daß sie umschlagen und zwischen die Felsen geworfen werden.

Diese dauernde Gefahr, der nur durch große Geschicklichkeit zu begegnen ist, hat den Charakter der Inselbewohner stark geprägt, denn die Wellen machen es unbeholfenen, unbesonnenen oder furchtsamen Menschen unmöglich, auf diesen Inseln zu leben.

Wenn der Dampfer bis auf eine Meile an die Mole herangekommen ist, werden die Curaghs ausgesetzt und gruppieren sich in zwei Reihen – es sind gewöhnlich zwischen vier und zwölf Boote – in einiger Entfernung von der Küste. Wenn der Dampfer dann zwischen ihnen beilegt, gibt es einen kurzen, aber heftigen Kampf um gute Plätze längsseits. Die Männer lehnen erst lässig auf ihren Rudern und reden in dem dunklen Tonfall, der mit der Bewegung der Wellen entsteht. Der Dampfer legt bei, und augenblicklich verzerren sich ihre Gesichter vor Anstrengung, während sich die Ruder unter dem Druck biegen und zittern. Für einen Augenblick scheint ihnen ihre eigene Sicherheit und die ihrer Freunde und Brüder völlig gleichgültig zu sein. Dann ist die Reihenfolge entschieden, und sie fallen wieder in ihren gewöhnlichen träumerischen Ton zurück, während sie festmachen und auf den Dampfer klettern.

Während die Curaghs draußen beim Dampfer sind, bin ich mit einigen Frauen und alten Männern, die nicht mehr rudern können, zurückgeblieben. Einer dieser Alten, mit dem ich mich oft unterhalte, ist berühmt für seine Kunst, Knochen wieder einzurichten, und man sagt, er habe hier und auch auf dem Festland einige bemerkenswerte Heilerfolge gehabt. Es werden Geschichten davon erzählt, wie vornehme Leute ihn in ihren Kutschen durch die Hügel von Connemara gefahren hätten, damit er ihre Söhne und Töchter behandele, und wie er mit den Taschen voll Geld nach Hause zurückgekommen sei.

Ein anderer alter Mann, der älteste hier auf der Insel, erzählt gern Anekdoten – keine Volksmärchen – von Dingen, die sich in seinem Leben hier ereignet haben. Häufig erzählt er mir von einem Mann aus Connaught, der in einem Wutanfall seinen Vater mit einem Spatenhieb erschlug, dann auf diese Insel floh und sich auf Gnade und Ungnade einigen Inselbewohnern auslieferte, mit denen er verwandt gewesen sein soll. Diese versteckten ihn in einem Loch – der Alte hat es mir gezeigt – und hielten ihn dort wochenlang verborgen, obgleich die Polizei kam, nach ihm suchte und er ihre Stiefel auf den Steinen über seinem Kopf knirschen hörte. Trotz einer ausgesetzten Belohnung blieb die Insel unbestechlich, und nach vielen Mühen wurde der Mann sicher nach Amerika gebracht.

Dieser Trieb, dem Verbrecher Schutz zu geben, ist im Westen allgemein verbreitet. Er läßt sich wohl zum Teil darauf zurückführen, daß jede Rechtsprechung mit der verhaßten englischen Gesetzgebung in Verbindung gebracht wird, hängt aber wohl mehr noch mit dem einfachen Gefühl der Menschen hier zusammen, die niemals Verbrecher und doch immer eines Verbrechens fähig sind, daß nämlich ein Mensch nie Unrecht tun wird, es sei denn, er steht unter dem Einfluß einer Leidenschaft, die genausowenig zur Verantwortung gezogen werden kann wie der Sturm auf dem Meer. Wenn ein Mann seinen Vater erschlagen hat und schon vor Reue krank und gebrochen ist, sehen sie keinen Grund, warum er noch weggeschleppt und durch das Gesetz getötet werden sollte. So ein Mensch, sagen sie, halte für den Rest seines Lebens still, und wenn man dann einwirft, Bestrafung sei als abschreckendes Beispiel notwendig, fragen sie: »Würde irgend jemand seinen Vater töten, wenn er anders könnte?«

Einige Zeit bevor die Polizei hier auftauchte, waren alle Menschen auf den Inseln so unschuldig, wie es die Menschen hier heute noch sind. Ich habe gehört, daß die damaligen Besitzer und Beamten der nördlichen Insel jedem, der ein Unrecht begangen hatte, einen Brief an das Gefängnis in Galway gaben und ihn allein wegschickten, um die Strafe abzusitzen. Da es keinen Dampfer gab, verschaffte man dem Übeltäter auf irgendeinem zufällig fahrenden Huker eine Überfahrt zum nächstgelegenen Punkt des Festlandes. Dann marschierte der Mann viele Meilen entlang einer verlassenen Küste, bis er die Stadt erreichte. Wenn er seine Zeit abgesessen hatte, schlich er schwach und abgemagert auf demselben Weg zurück und mußte dann oft noch viele Wochen warten, bis er auf die Insel zurückkonnte. So wenigstens erzählt man.

Es ist absurd, auf diese Menschen dieselben Gesetze anwenden zu wollen wie auf kriminelle Elemente einer Stadt. Der klügste Mann auf Inishmaan hat mir oft seine Verachtung dem Gesetz gegenüber ausgedrückt und von der Zunahme der Verbrechen berichtet, seit die Polizei in Aranmor aufgetreten ist. Wenn jemand auf dieser Insel eine kleine Meinungsverschiedenheit oder einen Streit habe, würden Freunde dafür sorgen, daß die Sache nicht zu weit geht, und nach kurzer Zeit sei alles wieder vergessen. In Kilronan jedoch gibt es eine Anzahl Männer, wie er sagt, die dafür bezahlt werden, Streitfälle unter den Leuten festzustellen. Gleich nach dem ersten Schlag kommen sie herbei und nehmen denjenigen fest, der zugeschlagen hat. Der andere Mann, der, mit dem er sich gestritten hat, muß gegen ihn aussagen; ganze Familien treten vor Gericht auf und schwören so lange gegeneinander, bis sie zu den bittersten Feinden geworden sind. Wenn dann das Urteil gesprochen worden ist, verzeiht der Verurteilte niemals. Die Fehde wächst weiter, bis der Streit um die Haarfarbe eines Mannes mit Mord endet, nachdem die Sache durch die Justiz ein Jahr lang hochgespielt worden ist. Allein die Tatsache, daß es unmöglich ist, auf der Insel zuverlässige Zeugenaussagen zu bekommen – nicht weil die Leute etwa unehrlich sind, sondern weil sie verwandtschaftliche Bindungen für stärker halten als die Bindung an eine abstrakte Wahrheit –, macht das ganze System der Zeugenaussagen unter Eid zu einer amoralischen Posse. Es liegt nahe, daß ein gesetzliches Verfahren, das auf solch falschen Grundlagen beruht, alles mögliche Unrecht nach sich zieht.

Während ich mit dem alten Mann diese Fragen diskutiere, kommen die Curaghs mit Ladungen von Salz, Mehl und Porter wieder herein.

Heute herrschte große Aufregung über die Rückkehr eines Inselbewohners, der fünf Jahre in New York gelebt hatte. Er kam mit einem halben Dutzend Menschen an Land, die auf dem Festland eingekauft hatten, und marschierte in seinem feinen Anzug auf der Mole auf und ab, ein ungewohnter Anblick für die Bewohner seines Geburtsortes. Seine alte fünfundachtzigjährige Mutter lief währenddessen auf dem glitschigen Tang hin und her; sie war halb verrückt vor Entzücken und erzählte jedem die Neuigkeit. Nachdem die Curaghs an ihren Plätzen lagen, sammelten sich die Männer um ihn, um ihn zu begrüßen. Er schüttelte bereitwillig ihre Hände, aber ohne das geringste Lächeln des Wiedererkennens. Es heißt, er sei krank und würde bald sterben.

Am gestrigen Tag, einem Sonntag, ruderten mich drei junge Leute nach Inisheer, der südlichen Insel dieser Gruppe. Das Heck der Curagh war besetzt, deshalb wurde ich in den Bug gesetzt; mein Kopf befand sich auf der gleichen Höhe wie das Dollbord. Im Sund ging die See ziemlich hoch, und als wir unter der Insel hervorkamen, rollte und schlug die Curagh auf kaum zu beschreibende Weise. Wenn wir in ein Wellental hinunterschossen, kräuselten und wölbten sich grüne Wellen über mir, im nächsten Augenblick wurde ich in die Luft geworfen und sah auf die Köpfe der Ruderer hinunter, als ob wir auf einer Leiter säßen, oder ich sah über unzähligen weißen Kämmen die schwarzen Felsen von Inishmaan.

Die Männer schienen erregt und unruhig, und ich dachte einen Moment lang, wir würden untergehen. Nach einer Weile jedoch merkte ich, wie die Curagh ihren Bug immer wieder über die Wellen zu heben vermochte, und diese Bewegung wirkte nun eigenartig erheiternd. Selbst wenn wir in die blauen Tiefen der Wogen geschleudert würden, dachte ich bei mir, wäre ein solcher Tod mit dem frischen Salzgeschmack des Meeres auf den Lippen schöner als die meisten anderen Todesarten, die einem begegnen können.

Als wir Inisheer erreichten, fiel ein schwerer Regen, so daß wir weder von den Altertümern noch von den Menschen viel sehen konnten. Den größten Teil des Nachmittags saßen wir auf leeren Fässern im Gasthaus und redeten über die Zukunft der gälischen Sprache. Da wir als Reisende galten, ließ man uns ein. Die Läden wurden hinter uns wieder geschlossen, und nur noch ein Schimmer grauen Lichtes und das Getöse des Sturms drangen herein. Gegen Abend klarte es etwas auf, und wir kamen bei ruhiger See nach Hause, hatten jedoch starken Gegenwind, der den Ruderern auf der Überfahrt alle Kräfte abverlangte.

An ruhigen Tagen gehe ich oft mit Michael zum Fischen. Wenn wir oberhalb der Mole angekommen sind, wo die Curaghs mit dem Boden nach oben auf dem Kalkstein liegen, hebt er das vordere Ende des Bootes hoch, mit dem wir ausfahren wollen, ich krieche darunter und lege mir die Mitte der ersten Ruderbank auf den Nacken. Dann kriecht er unter das Heck und richtet sich mit der letzten Ruderbank auf den Schultern auf. Wir machen uns auf den Weg zum Meer. Der lange Bug biegt sich vor mir, so daß ich nichts sehen kann außer ein paar Meter Schiefer vor meinen Füßen. Ein stechender Schmerz läuft vom oberen Ende meiner Wirbelsäule zu den scharfen Steinen hinunter, die durch meine Pampooties zu dringen scheinen und meine Knöchel schmerzen machen. Wir stolpern und keuchen unter der Last; endlich erreichen unsere Füße die Mole und wir laufen im Trott wie barfüßige Kinder darauf entlang. Einen Meter vom Meer entfernt halten wir an und setzen die Curagh nach rechts ab. Sie muß langsam abgesetzt werden – eine schwierige Sache bei den angestrengten und schmerzenden Muskeln –, und wenn das Dollbord den Boden erreicht hat, verliere ich manchmal das Gleichgewicht und falle zwischen die Ruderbänke.

Gestern fuhren wir mit der gleichen Curagh hinaus, die an dem Tag meiner Fahrt nach Kilronan schadhaft geworden war, und als wir die Ruder hineinlegten, blieb der frischverteerte Flicken an den von der Sonne erhitzten Steinplatten der Mole kleben. Wir holten Wasser mit dem Schöpfer – dem »supeen«, einem flachen hölzernen Gefäß, einem Suppenteller ähnlich –, und mit vieler Mühe kamen wir los und legten ab. Nach einigen Minuten sprudelte jedoch an meinen Füßen das Wasser herein. Der Flicken war an der falschen Stelle angebracht worden, und diesmal hatten wir kein Sackleinen zur Hand. Michael lieh sich meine Taschenschere und schnitt mit bewundernswerter Schnelligkeit ein Stück Wollstoff von seinem Hemdzipfel ab, stopfte es in das Loch und machte es mit einem Span fest, den er von einem der Ruder abhackte.

Während unserer Aufregung hatte uns die Flut näher an die Felsen getragen, und wieder bewunderte ich die Gewandtheit, mit der er die Ruder zu Wasser brachte und uns abdrehen ließ, gerade als wir von einer Woge hochgehoben wurden, die uns ins Verderben geschleudert hätte.

Mit dem Leck in unserer Curagh fuhren wir nicht weit hinaus. Nach einiger Zeit übernahm ich für eine Weile die Ruder, gewann auch eine gewisse Sicherheit, obgleich diese nicht leicht zu handhaben sind. Ihre Griffe ragen etwa zehn Zentimeter übereinander – um bei der schmalen Curagh größere Hebelwirkung zu erzielen –, und anfangs konnte ich es kaum verhindern, daß mir das obere Ruder auf die Handknöchel schlug. Da die Ruder außer am Blatt roh und scharfkantig sind, hat dies unangenehme Folgen. Zudem liegt eine Curagh mit nur zwei Menschen wie eine Nußschale auf dem Wasser, und die kleinste Unregelmäßigkeit im Ruderschlag wirft die Spitze des Bootes mindestens im rechten Winkel aus dem Kurs. In der

ersten halben Stunde fand ich mich sehr zu Michaels größtem Vergnügen mehr als einmal wieder auf dem Weg zu der Stelle, von der ich hergekommen war.
Heute morgen waren wir wieder draußen nahe dem Pier an der Nordseite der Insel. Als wir langsam mit der Flut ruderten und nach Schellfisch fischten, fuhren ein paar Curaghs auf dem Weg nach Kilronan an uns vorbei, bis zum Dollbord mit Kelp beladen.
Eine alte, in rote Röcke gewickelte Frau saß auf einem Felsriff, das an einer Stelle ins Meer hinausragt, wo die von Süden kommenden Curaghs vorbeifahren. Sie rief mit zitternder Stimme auf Gälisch zu ihnen hinüber und bat um eine Überfahrt nach Kilronan. Das erste Boot, das ohne Ladung vorbeikam, drehte aus einiger Entfernung bei und nahm sie mit.
Der Morgen hatte nichts von der wunderbaren Schönheit, die so oft bei regnerischem Wetter über der Insel liegt. Deshalb begnügten wir uns mit den schwachen Sonnenstrahlen und blickten hinunter auf die üppige Vegetation auf dem Meeresboden, die in eigenartigem Gegensatz zu der Öde oberhalb des Wassers steht.

Einige Träume, die ich in dem Haus hier gehabt habe, scheinen die Meinung zu bestätigen, daß manche Orte eine unbewußte Erinnerung an ihre Vergangenheit wachrufen.
In der vergangenen Nacht, nachdem ich im Traum zwischen Gebäuden umhergewandert war, auf denen ein merkwürdig blendendes Licht lag, hörte ich den schwachen Rhythmus einer in weiter Ferne auf einem Saiteninstrument einsetzenden Musik. Es kam immer näher und nahm unablässig an Schnelligkeit und

Stärke zu. Als es ganz nah war, drangen mir die Klänge in Blut und Nerven und zwangen mich zum Mittanzen. Ich spürte deutlich, daß ich nicht nachgeben durfte, um nicht in Todesangst zu geraten. Deshalb kämpfte ich mit aller Kraft, mich nicht zu bewegen, und preßte meine Knie mit den Händen fest zusammen.

Die Musik nahm fortwährend zu. Sie klang wie die Saiten von Harfen, die in einer verschollenen Tonart gestimmt sind, dabei mit einem Klang wie die vollen Saiten eines Cellos.

Dann wurde die lockende Erregung stärker als mein Wille, und meine Glieder bewegten sich ohne mein Zutun. Im nächsten Augenblick wurde ich in einem Wirbel von Tönen fortgeschwemmt. Mein Atem, meine Gedanken und jede Regung meines Körpers wurden zu einem Teil des Tanzes, bis ich zwischen den Instrumenten, dem Rhythmus und mir selbst oder meinem eigenen Bewußtsein nicht mehr unterscheiden konnte. Eine Zeitlang schien es eine freudige Erregung zu sein, dann wuchs es in eine Ekstase hinein, wo alles Dasein sich in wirbelnde Bewegung verlor. Ein Leben jenseits dieses wirbelnden Tanzes war nicht mehr zu denken.

Dann plötzlich schlug die Ekstase in starken Schmerz und in Wut um; ich kämpfte um Befreiung, schien aber nur die leidenschaftliche Macht des Taktes, zu dem ich mich bewegte, zu verstärken. Wenn ich schrie, brachen nur wieder die gleichen rhythmischen Töne aus mir hervor.

Schließlich, in einem letzten Augenblick entfesselter Raserei, brach ich ins Bewußtsein zurück und erwachte. Zitternd schleppte ich mich zum Fenster des Hauses und sah hinaus. Der Mond lag glitzernd auf der Bucht, und nirgends auf der Insel war der geringste Laut zu hören.

In zwei Tagen reise ich ab, und ich habe schon von dem alten Pat Dirane Abschied genommen. Er traf mich heute morgen im Dorf und nahm mich mit in ›sein kleines Loch‹, ein elendes Häuschen, wo er die Nacht zubringt. Ich saß lange auf seiner Schwelle, während er sich hinter mir nahe seinem Bett auf einen Stuhl stützte und mir die letzte Geschichte erzählte, die ich von ihm hören sollte – eine rüde Anekdote, die sich nicht aufzuzeichnen lohnt. Dann erzählte er mir mit gewissem Nachdruck, wie er als junger Mann herumgezogen sei, dann in einer schönen Schule gelebt und dort den jungen Priestern Unterricht im Irischen erteilt habe.

Hier auf der Insel sagt man von ihm, er könne so viele Lügen erzählen wie vier Männer zusammen; vielleicht haben die vielen Geschichten, die er gehört hat, seine Erfindungsgabe genährt.

Als ich im Eingang stand und ihm Gottes Segen wünschte, beugte er sich über sein Strohbett und brach in Tränen aus. Dann wandte er sich wieder mir zu und hob eine zitternde Hand. Vom dauernden Reiben des Krückstocks hatte sein Handschuh ein großes Loch in der Handfläche.

»Ich werde dich nicht wiedersehen«, sagte er, und die Tränen liefen über sein Gesicht, »und du bist ein freundlicher Mensch. Wenn du das nächste Jahr zurückkommst, werde ich nicht mehr auf der Welt sein.

Ich werde nicht über den Winter hinaus leben. Aber höre nun, was ich dir sage: Nimm in der Stadt eine Lebensversicherung auf meinen Namen auf, und dann wirst du fünfhundert Pfund an meinem Begräbnis bekommen.«

Heute abend, mein letzter hier auf der Insel, ist das Fest ›Pattern‹ – ähnlich den ›Pardons‹ in England. Ich hatte es eigens abgewartet, aber ein Dudelsackspieler, den man erwartet hatte, kam nicht, und es gab keinerlei Vergnügungen. Ein paar Freunde und Verwandte kamen von der anderen Insel herüber und standen in ihren besten Kleidern im Gasthaus herum, aber ohne Musik konnte man nicht tanzen.
Wenn der Pfeifer da ist, gibt das einen schönen Tag mit Tanz und vielen Späßen. Der Pfeifer aus Galway jedoch wird alt und läßt sich nicht mehr leicht zur Reise überreden.
Gestern abend, es war Johannis-Nacht, wurden Feuer angezündet, und die Jungen rannten mit brennenden Torfstücken umher. Ich konnte aber nicht herausfinden, ob der Brauch auf der Insel noch lebendig ist, das Herdfeuer mit Feuer im Freien anzuzünden.

Ich bin aus meinem Hotel voll von Touristen und Vertretern fort, um an der Bucht von Galway entlangzugehen, und sehe jetzt hinüber, dorthin, wo die Inseln liegen. Meine Sehnsucht nach diesen einsamen Felsen ist unsagbar stark. Die Stadt hier, deren wildes Leben für mich sonst voller Reize ist, erscheint mir in meiner augenblicklichen Stimmung als ein Gemisch alles dessen, was es heutzutage Sinnloses gibt. Die Banalität der Reichen und der Schmutz der Armen rufen bei mir noch immer den gleichen Schmerz verwunderten Abscheus hervor. Die Inseln entgleiten schon meiner Vorstellung; ich kann kaum mehr begreifen, daß der Geruch des Tangs und das Tosen des Atlantik noch immer um sie sind.

Einer meiner Freunde von der Insel hat mir geschrieben.

Lieber John Synge, ich warte seit langer Zeit auf einen Brief von Dir, und glaube, Du vergißt diese Insel ganz. Mr. ... starb schon vor langer Zeit auf der großen Insel, und sein Boot lag im Hafen vor Anker, und der Wind trieb es nach Black Head und ließ es zerschellen nach seinem Tode.
Sag mir, lernst Du Irisch, seit Du weggegangen bist? Wir haben jetzt einen Zweig der »Gaelic League« hier, und die Leute machen gute Fortschritte mit dem Irischen und auch mit dem Lesen.*
Ich werde den nächsten Brief auf Irisch an Dich schreiben. Sag mir, wirst Du uns im nächsten Jahr besuchen kommen, und wenn Du es tun wirst, sollst Du vorher einen Brief schreiben. Alle Deine Dich liebenden Freunde sind bei guter Gesundheit. – Mise do chara go-buan.

Ein anderer Junge, dem ich ein paar Fischköder geschickt habe, hat mir ebenfalls geschrieben. Sein Brief beginnt auf Irisch und endet auf Englisch.

* »Liga für die gälische Sprache«, wurde 1893 gegründet, nicht nur um die irische Sprache unter der englischsprechenden Bevölkerung zu verbreiten, sondern auch um unter den Irischsprechenden die Zahl der Analphabeten zu verringern. (Anm. d. Ü.)

Lieber John, ich bekam Deinen Brief vor vier Tagen, und Stolz und Freude waren in mir, weil er auf Irisch geschrieben war, und es war ein schöner, guter, freundlicher Brief. Die Köder, die Du geschickt hast, sind sehr gut, aber ich habe zwei davon verloren und die Hälfte meiner Leine. Ein großer Fisch kam und nahm den Köder, und die Schnur war schlecht, und die halbe Fischleine und die Köder waren weg. Meine Schwester ist aus Amerika zurückgekommen, aber ich denke, es wird nicht lange dauern, bis sie wieder weggeht, denn einsam und arm findet sie jetzt die Insel. –
Dein Freund …
Schreibe bald und schreibe ja auf Irisch, tust Du das nicht, werde ich es nicht ansehen.

II

Am Abend vor meiner Fahrt hinaus nach Westen schrieb ich an Michael – der die Insel verlassen hatte, um seinen Lebensunterhalt auf dem Festland zu verdienen – und teilte ihm mit, ich würde am nächsten Morgen, einem Sonntag, an dem Haus, wo er wohnte, vorbeikommen. Als ich an der Tür klopfte, kam ein junges Mädchen mit einem schönen Gesicht heraus, das nicht viel Englisch konnte. Sie schien alles über mich gehört zu haben und war so erfüllt von der Wichtigkeit ihrer Botschaft, daß sie sie kaum verständlich herausbrachte.

»Sie hat Euren Brief bekommen«, sagte sie und brachte die Pronomen durcheinander, wie dies im Westen häufig geschieht, »sie ist zur Messe gegangen und sie wird danach auf dem Platz sein. Will der Herr jetzt gehen und sich auf den Platz setzen, und Michael wird Euch finden.«

Als ich die Hauptstraße zurückging, traf ich Michael, der mir entgegenkam, da er nicht mehr hatte warten wollen. Er war ein stämmiger Mann geworden, seit ich ihn zuletzt gesehen hatte, und trug jetzt den schweren braunen Wollstoff eines Arbeiters aus Connaught. Nach einem kurzen Gespräch kehrten wir um und gingen hinaus auf die Dünen oberhalb der Stadt. Hier, nur wenig von der Schwelle meines Hotels entfernt, fiel mir der Adel seines Wesens besonders auf, der durch sein neues Leben und durch die Städter und Seeleute, mit denen er zusammengekommen ist, kaum beeinflußt worden war.

»Ich komme oft aus der Stadt heraus am Sonntag«,

sagte er während unserer Unterhaltung, »denn was kann man in einer Stadt unter all den Leuten schon tun, wenn man nicht arbeitet?«
Etwas später stieß ein anderer irisch sprechender Arbeiter zu uns, ein Freund Michaels, und wir lagen stundenlang im Gras, unterhielten uns und diskutierten. Der Tag war unerträglich schwül, und der Sandstrand und das Meer in unserer Nähe waren voll von halbnackten Frauen, aber keiner der beiden jungen Männer schien sich ihrer Gegenwart bewußt zu werden. Bevor wir in die Stadt zurückgingen, kam ein Mann und pflockte ein junges Pferd in unserer Nähe im Sand fest, und das interessierte meine Begleiter außerordentlich.
Spät am Abend traf ich noch einmal mit Michael zusammen, und wir wanderten, bis es dunkel wurde, die Bucht entlang, die noch immer voll badender Frauen war. Vor meiner Rückkehr von den Inseln werde ich ihn nicht mehr sehen, da er morgen zu arbeiten hat, und am Dienstag fahre ich mit dem Dampfer hinaus.

Ich bin heute früh zur Mittelinsel mit dem Dampfer nach Kilronan gekommen und dann weiter hierher mit einer Curagh, die mit Salzfisch hinübergefahren war. Als ich von der Mole heraufkam, füllten sich im Dorf die Türen mit Frauen und Kindern, und einige kamen auf die Straße heraus, um mir die Hand zu geben und mich tausendmal willkommen zu heißen.
Der alte Pat Dirane ist tot, und einige meiner Freunde sind nach Amerika gegangen, und das sind schon alle Neuigkeiten, die man mir nach mehrmonatiger Abwesenheit mitzuteilen hat.

Als ich am Haus ankam, wurde ich von den alten Leuten begrüßt, und ein paar kleine Geschenke, die ich für sie gekauft hatte, riefen große Aufregung hervor: eine kleine Schere für die alte Frau, ein Streichriemen für ihren Mann und einige andere Kleinigkeiten. Dann ging der jüngste Sohn Columb, der noch zu Hause ist, in den hinteren Raum und holte von dort den Wecker, den ich ihnen letztes Jahr nach meiner Abreise geschickt hatte. »Ich liebe diese Uhr sehr«, sagte er und klopfte auf die Rückseite, »sie läutet für mich jeden Morgen, wenn ich zum Fischen hinauswill. Wirklich, es gibt keine zwei Uhren auf der Insel, die an sie herankommen.«

Ich wollte ihnen ein paar Photographien zeigen, die ich letztes Jahr hier aufgenommen hatte, und als ich auf einem kleinen Hocker nahe der Küchentür saß und sie der Familie vorwies, schlüpfte eine schöne junge Frau herein, mit der ich letztes Jahr ein paar Mal gesprochen hatte, und nach einem einfachen und herzlichen Willkommensgruß setzte sie sich neben mich auf den Boden, um sie mit anzusehen.

Das völlige Fehlen von Scheu oder Befangenheit bei den meisten dieser Menschen verleiht ihnen einen besonderen Zauber, und als diese junge und schöne Frau sich über meine Knie lehnte, um eine Aufnahme, die ihr gefiel, näher zu betrachten, empfand ich mehr denn je die eigenartige Einfachheit des Lebens auf den Inseln.

Als ich letztes Jahr hierherkam, war alles noch neu für mich, und die Menschen waren mir gegenüber etwas zurückhaltend, jetzt aber bin ich mit ihnen und ihrer Lebensweise vertraut, so daß mir ihre Eigenart viel mehr als früher auffällt.

Nachdem sie meine Aufnahmen von der Insel mit größtem Entzücken untersucht hatten und jede Person darauf identifiziert worden war – sogar die, von denen nur eine Hand oder ein Fuß zu sehen war –, holte ich ein paar Bilder hervor, die ich in der Grafschaft Wicklow aufgenommen hatte. Die meisten davon waren Ausschnitte und zeigten den Markt in Rathdrum oder Aughrim, Männer, die auf den Hügeln Torf stachen, oder andere Szenen des Landesinneren, aber alle riefen große Begeisterung hervor bei diesen Menschen, die des Meeres müde sind.

Dieses Jahr erlebe ich auf den Inseln die dunklere Seite des Lebens. Die Sonne scheint nur selten, und Tag für Tag weht ein kalter, südwestlicher Wind über die Klippen und führt Hagelschauer und dichte Wolkenmassen heran.

Die Söhne, die zu Hause leben, bleiben von etwa drei Uhr früh bis nach Einbruch der Dunkelheit zum Fischen draußen, wann immer es einigermaßen ruhig ist, trotzdem verdienen sie wenig, da es nicht viel Fisch gibt. Auch der alte Mann geht zum Fischfang, und zwar mit einer langen Rute und Grundköder, er hat aber gewöhnlich noch weniger Erfolg dabei.

Wenn das Wetter ganz schlecht geworden ist, hören die Männer zu fischen auf, gehen hinunter und graben im Regen Kartoffeln. Die Frauen helfen ihnen manchmal dabei, aber gewöhnlich bleibt es ihnen überlassen, die Kälber zu versorgen und im Haus zu spinnen.

Dieses Jahr scheint über der Familie so etwas wie Trauer zu liegen, und zwar der beiden Söhne wegen, die fortgegangen sind: Michael aufs Festland und ein anderer Sohn, der letztes Jahr in Kilronan gearbeitet hatte, in die Vereinigten Staaten.

Gestern kam ein Brief von Michael an seine Mutter. Er war auf Englisch geschrieben, da in der Familie nur er Irisch lesen und schreiben kann, und als ich in meinem Zimmer saß, hörte ich, wie die Worte langsam buchstabiert und übersetzt wurden. Etwas später brachte die alte Frau ihn mir zum Lesen. Erst erzählte er ihr von seiner Arbeit und von dem Lohn, den er bekommt. Dann sprach er davon, wie er eines Nachts in der Stadt spazierengegangen war, und aus den Straßen hinaufgesehen hatte und bei sich gedacht hatte, was für eine großartige Nacht dies am Sandy Head auf der Insel sein würde – aber nicht etwa, fügte er hinzu, daß er sich einsam oder traurig gefühlt hätte. Am Schluß berichtete er so dramatisch, als handele es sich um eine Volkssage, wie er mich an jenem Sonntagmorgen getroffen hatte, und er schrieb: »Glaubt mir, es war das schönste Gespräch, das wir zwei oder drei Stunden lang hatten.« Er erzählte ihnen auch von einem Messer, das ich ihm gegeben hatte, und das sei so schön, daß niemand auf der Insel je so eines gesehen habe.

An einem anderen Tag kam ein Brief von dem Sohn in Amerika, der berichtete, daß er einen kleinen Unfall an einem Arm gehabt hätte, aber bereits wieder in Ordnung sei. Er verlasse New York und gehe ein paar hundert Meilen ins Land hinein. Danach saß die alte Frau den ganzen Abend auf ihrem Schemel in der Ecke am Feuer mit ihrem Umschlagtuch über dem Kopf und klagte traurig vor sich hin. Amerika er-

schien zwar weit entfernt, trotzdem hatte sie sich wohl gedacht, es sei ja nur der andere Rand des Atlantik, und wenn sie jetzt von Eisenbahnen und Städten im Innern des Landes sprechen hörte, wo es kein Meer gibt – alles Dinge, die sie nicht mehr begreifen kann –, dann überkommt es sie, daß ihr Sohn für immer fortgegangen ist. Sie erzählt mir oft, wie sie im vorigen Jahr auf der Mauer hinter dem Haus gesessen und beobachtet habe, wie der Huker, auf dem der Sohn arbeitete, aus Kilronan auslief und in der Bucht stampfte, und wie sie so Gesellschaft gehabt habe, wenn alle draußen gewesen seien.
Der Mutterinstinkt ist auf diesen Inseln so stark ausgebildet, daß er den Frauen das Leben zur Qual macht. Ihre Söhne wachsen auf, um fortgeschickt zu werden, sobald sie alt genug sind, oder sie bleiben hier und sind auf dem Meer in ständiger Gefahr; die Töchter gehen ebenfalls fort oder sind durch Gebären früh verbraucht, und ihre Kinder wachsen nur heran, um den Müttern später dann ihrerseits wieder Sorgen und Gram zu bereiten.

Die letzten vierundzwanzig Stunden lang herrschte Sturm, und ich bin auf den Klippen herumgewandert, bis mein Haar steif von Salz war. Ungeheure Massen von Gischt flogen vom Fuß der Klippe herauf, wurden vom Wind gepackt und hochgeschleudert, um dann in einiger Entfernung von der Küste niederzustürzen. Als eine solche Masse von Gischt auf mich herunterkam, mußte ich mich für einen Augenblick niederkauern und war eingehüllt und geblendet von einem weißen Hagel von Schaum. Die Wellen waren so gewaltig, daß ich mich unwillkürlich umdrehte und mich verstecken wollte, als ich eine besonders große auf mich zukommen sah, so wie man blinzelt, wenn jemand einen Schlag gegen die Augen führt. Durch den endlosen Wechsel und den Kampf des Meeres verwirren sich nach einiger Zeit die Sinne, und tiefe Verzweiflung tritt an die Stelle der anfänglichen freudigen Erregung.

An der Südwestecke der Insel traf ich auf ein paar Menschen, die Tang sammelten, der jetzt dicht auf den Felsen liegt. Er wurde von den Männern aus der Brandung geharkt und dann von einem Trupp junger Mädchen hinauf zum Abhang der Klippe getragen. Außer ihrer gewöhnlichen Kleidung trugen diese Mädchen ein rohes Schafsfell über den Schultern, um das durchsickernde Seewasser abzufangen, und mit ihren von Salz verkrusteten Lippen und Tanggeflechten im Haar sahen sie eigenartig wüst und fast wie Robben aus.

Danach sah ich auf meinem Spaziergang nichts Lebendes mehr, außer einem kleinen Schwarm Brachvögeln und ein paar Regenpfeifern, die sich vor dem Sturm zwischen den Steinen verkrochen.

Etwa zur Zeit des Sonnenuntergangs brachen die Wolken auf, und der Sturm wurde zum Orkan. Purpurrote Wolkenbänke zogen über den Sund, wo riesige Wellen, bekränzt von phantastischen schneeartigen Gischtgebilden, von Westen heranrollten. Dann war die Bucht von wirbelndem Grün erfüllt, und die Twelve Pins im Osten waren von Hellviolett und Scharlachrot bedeckt. Diese Welt von roher Gewalt erregte mich außerordentlich, und jetzt um Mitternacht, da der Wind sich legt, zittere ich noch immer, und ich bin wie berauscht.

Trotz des Regens bin ich in meinen Pampooties über die nassen Wege gegangen und habe mir eine fiebrige Erkältung geholt. Der Wind ist gewaltig. Wenn mir etwas Ernsthaftes zustoßen sollte, würde ich hier sterben, in eine Kiste eingenagelt und auf dem Friedhof in ein nasses Loch gestoßen werden, bevor irgend jemand auf dem Festland davon etwas erführe.
Vor zwei Tagen kam eine Curagh von der südlichen Insel vorbei – während wir durch das Wetter am Auslaufen gehindert sind, können sie ausfahren, da es auf ihrer Insel eine geschützte Bucht gibt –, vermutlich, um den Arzt zu holen. Später wurde das Wetter zu rauh für die Rückfahrt, und erst heute früh sahen wir sie in furchtbarer See im Südwesten zurückkommen.
Zuerst kam eine vierrudrige Curagh mit zwei Männern außer den Ruderern – wahrscheinlich der Priester und der Arzt –, gefolgt von der dreirudrigen Curagh von der Südinsel, die gefährdeter war. Oft wenn sie in einem solchen Wetter wegen des Arztes ausfahren, bringen sie den Priester gleich mit, da sie nicht wissen, ob sie ihn noch holen können, wenn man ihn später braucht.
An und für sich gibt es kaum Krankheiten, und die Frauen machen die Entbindungen unter sich ab, ohne ausgebildeten Beistand. In den meisten Fällen geht alles gut, aber manchmal wird in verzweifelter Eile eine Curagh nach dem Priester und dem Doktor geschickt, wenn es schon zu spät ist.

Das Baby, das letztes Jahr nur ein paar Tage hier war, gehört jetzt fest zum Haus; ich vermute, daß die alte Frau es angenommen hat, um sich damit über den Verlust ihrer eigenen Söhne zu trösten.
Der Junge ist jetzt schon ziemlich groß, obgleich er nur ein paar Worte Gälisch sagen kann. Seine Lieblingsbeschäftigung besteht darin, mit einem Stock hinter der Tür zu stehen und dort auf irgendein Schwein oder Huhn zu warten, das zufällig hereinkommt, dann hervorzustürzen und die Tiere zu verfolgen. Auch zwei junge Katzen sind in der Küche, die er mißhandelt, ohne ihnen wirklich weh tun zu wollen. Wenn die alte Frau mit Torf fürs Feuer in mein Zimmer kommt, marschiert er feierlich hinter ihr her mit einem Stück Torf unter jedem Arm, legt diese sehr sorgfältig auf das Feuer und läuft dann schnell wieder hinaus mit seinen langen, nachschleppenden Röcken.
Bis jetzt hat er auf der Insel noch keinen offiziellen Namen erhalten, da er den Herd noch nicht verlassen hat, aber im Haus reden sie von ihm gewöhnlich als »Michaeleen beug« – kleiner Klein-Michael.
Gelegentlich bekommt er einen Klaps, aber für gewöhnlich hält die alte Frau ihn im Zaum mit Geschichten von der »Hexe mit den langen Zähnen«, die im Dun haust und Kinder frißt, die nicht artig sind. Den halben Tag lang ißt er kalte Kartoffeln und trinkt sehr starken Tee, scheint aber trotzdem völlig gesund zu sein.

Ein irischer Brief von Michael an mich ist eingetroffen. Ich will ihn wörtlich übersetzen.

Liebe edle Person, – ich schreibe diesen Brief mit Freude und Stolz, daß Du Deinen Weg wieder in das Haus meines Vaters gefunden hast seit dem Tag, als Du auf dem Dampfer warst. Ich meine, daß keine Einsamkeit auf Dir sein wird, denn da wird die großartige, schöne »Gaelic League« sein und Du wirst gewaltig lernen.
Ich denke, daß es niemanden im Leben gibt, der mit Dir herumgeht, außer Dich selbst vom Morgen bis zum Abend, und groß ist meine Trauer.
Wie leben meine Mutter und meine drei Brüder und meine Schwestern, und vergiß nicht den unschuldigen Michael, und das arme kleine Kind und die alte graue Frau und Rory. Es hat mich Vergeßlichkeit befallen mit allen meinen Freunden und Verwandten. – Ich bin Dein Freund ...

Es ist merkwürdig, wie er sich der Vergeßlichkeit anklagt, nachdem er sich namentlich nach seiner ganzen Familie erkundigt hat. Ich vermute, das erste Heimweh läßt nach und er sieht das eigene unabhängige Wohlergehen als einen Verrat den Verwandten gegenüber an.
Einer seiner Freunde war gerade in der Küche, als mir der Brief gebracht wurde, und auf Wunsch des alten Mannes las er ihn laut vor, sobald ich damit fertig war. Als er zum letzten Satz kam, zögerte er einen Augenblick und ließ ihn dann ganz weg.
Dieser junge Mann war gekommen, um mir sein Exemplar der »Love Songs of Connaught« – die Liebeslieder von Connaught – zu bringen, und ich überredete ihn, mir einige vorzulesen oder vielmehr vorzusin-

gen. Nachdem er ein paar gelesen hatte, entdeckte ich, daß die alte Frau noch viele aus ihrer Kindheit kannte, obgleich ihre Version oft nicht die des Buches war. Sie wiegte sich auf einem Schemel in der Ecke am Kamin hin und her neben einem Topf mit Indigo, in dem sie Wolle färbte, und wenn der junge Mann ein Gedicht beendet hatte, griff sie es ein paar Mal wieder auf und rezitierte die Verse mit der feinsten musikalischen Intonation. Sie legte in ihre Stimme Wehmut und Leidenschaft, die dieser alle jene Nuancen zu verleihen schienen, nach der hohe Dichtung verlangt. Die Lampe war heruntergebrannt, und ein neuer furchtbarer Sturm heulte und kreischte über die Insel. Es war wie ein Traum, daß ich hier unter den Männern und Frauen saß und dieser urtümlichen und schönen Dichtung lauschte, die mit den ältesten Leidenschaften der Welt erfüllt ist.

Während der letzten Tage sind die Pferde von der Sommerweide in Connemara zurückgekommen. Sie werden an dem gleichen Sandstrand an Land gebracht, wo das Vieh letztes Jahr verschifft wurde, und ich ging heute früh am Morgen hinunter, um ihrer Ankunft durch die Wellen hindurch zuzusehen. Der Huker ankerte in einiger Entfernung von der Küste, ich konnte aber ein Pferd erkennen, das am Dollbord stand und von Männern umgeben war, die schrien und mit Seilenden leicht auf es einschlugen. Plötzlich sprang es ins Meer, und ein paar Männer, die in einer Curagh gewartet hatten, griffen es am Halfter und zogen es bis auf zwanzig Meter an die Brandung heran. Dann kehrte die Curagh zum Huker zurück,

und man ließ das Pferd seinen eigenen Weg ans Land suchen.
Als ich dort stand, kam ein Mann zu mir, und nach den üblichen Begrüßungsworten fragte er: »Gibt es nirgends Krieg in der Welt diesmal, edler Herr?«
Ich erzählte ihm von dem Aufruhr in Transvaal, dann kam ein anderes Pferd in die Nähe der Brandung, und ich ging weiter.
Dann ging ich am Meer entlang zum Pier, wo man kürzlich eine Ladung Torf hereingebracht hatte. Gewöhnlich bleibt er einige Zeit auf den Dünen aufgeschichtet und wird dann in Tragkörben, die auf Esel oder auf der Insel befindliche Pferde befestigt werden, zu den Häusern hinaufgeschafft. Damit war man die letzten Wochen beschäftigt, und der Pfad vom Dorf zum Pier war voller rotberockter Jungen, die ihre Esel vor sich her trieben oder, wenn die Tragkörbe leer waren, auf ihnen saßen und im leichten Galopp herunterkamen.

In mancher Beziehung sind mir diese Männer und Frauen merkwürdig fremd. Sie haben die gleichen Gefühle, die ich habe und die Tiere haben, trotzdem kann ich, wenn es viel mitzuteilen gibt, nicht besser mit ihnen sprechen als mit dem Hund, der im Bergnebel neben mir winselt.
Andererseits bin ich kaum eine Stunde mit ihnen zusammen, in der mich nicht plötzlich ein unfaßlicher Gedanke überkommt, dann wieder ein unbestimmtes Gefühl, und beides ist ihnen und mir vertraut. An manchen Tagen empfinde ich diese Insel ganz als Heimat und als Ort des Ausruhens; an anderen Tagen

wieder fühle ich, daß ich unter diesen Menschen ein Heimatloser bin. Ich kann mehr mit ihnen empfinden als sie mit mir, und während ich mich unter ihnen bewege, haben sie mich zwar bisweilen gern und lachen mich aus, wissen jedoch nie, was ich eigentlich tue.

An den Abenden treffe ich manchmal ein Mädchen, das noch keine fünfzehn Jahre alt ist, in mancher Beziehung aber, was das Bewußtsein angeht, entwickelter scheint als alle, die ich hier getroffen habe. Sie hat zeitweise auf dem Festland gelebt, und in Galway erlebte Enttäuschungen haben ihre Vorstellungskraft entwickelt.

Wenn wir auf unseren Schemeln zu beiden Seiten des Feuers sitzen, höre ich ihre Stimme im gleichen Satz vom Frohsinn eines Kindes zum klagenden Ton einer alten, von Leid verzehrten Rasse wechseln. Einmal ist sie ein einfaches Landkind, im nächsten Augenblick betrachtet sie die Welt mit dem Bewußtsein einer vorzeitlichen Enttäuschung, und in dem Ausdruck ihrer graublauen Augen steht dann die ganze äußere Mutlosigkeit der Wolken und des Meeres.

Unsere Unterhaltung ist gewöhnlich unzusammenhängend. Eines Abends sprachen wir von einer Stadt auf dem Festland.

»Ach, das ist ein seltsamer Ort«, sagte sie, »ich würde mir nicht aussuchen, dort zu leben. Es ist ein seltsamer Ort, und ich kenne wahrhaftig keinen Ort, der das nicht ist.«

An einem anderen Abend sprachen wir von den Leuten, die auf der Insel leben oder dorthin zu Besuch kommen.

»Father ... ist weggegangen«, sagte sie, »er war ein

freundlicher Mann, aber ein seltsamer Mann. Priester sind seltsame Leute, und ich kenne niemanden, der das nicht ist.«

Dann, nach einer langen Pause, sagte sie mir mit großem Ernst, als ob sie von etwas spräche, wovon sie selbst überrascht sei und das mich überraschen sollte, daß sie die jungen Männer sehr gern habe.

In unseren Gesprächen, die manchmal voll vom unschuldigen Realismus der Kindheit sind, ist sie immer rührend darauf bedacht, das Richtige zu sagen und mich für sie einzunehmen.

Eines Abends versuchte sie, in dem kleinen Seitenraum ihres Hauses, wo es einen gewöhnlichen Kamin gibt, ein Feuer anzuzünden. Ich ging hinein, um ihr zu helfen, und zeigte ihr, wie man ein Stück Papier vor die Kaminöffnung hält, um dadurch Zug hervorzurufen – eine Methode, die sie noch nie gesehen hatte. Dann erzählte ich ihr von Menschen, die allein in Paris leben und sich ihr Feuer selbst machen, damit sie von niemandem gestört würden. Dabei hockte sie wie ein Häufchen auf dem Boden und starrte in den Torf, und als ich zu Ende war, sah sie überrascht auf.

»Die sind so sehr wie ich«, sagte sie, »würde irgend jemand das gedacht haben?«

Hinter der Sympathie, die wir füreinander haben, bleibt immer noch eine Kluft. Als ich sie heute abend verließ, murmelte sie: »Muscha, ich glaube, es ist die Hölle, in die du nach und nach gehen wirst.«

Gelegentlich treffe ich sie auch in einer Küche, wo sich junge Männer nach Einbruch der Dunkelheit treffen, um Karten zu spielen, und wohin sich auch einige Mädchen stehlen, um an dem Vergnügen teilzunehmen. Dort glänzen ihre Augen im Licht der Kerzen, und ihre Wangen brennen in dem ersten Aufruhr der Jugend, bis sie kaum mehr das gleiche Mädchen zu sein scheint, das jeden Abend am Torffeuer vor sich hin summt.

Seit meinem letzten Besuch ist hier eine Zweigstelle der »Gaelic League« eingerichtet worden, und jeden Sonntagnachmittag gehen drei kleine Mädchen durch das Dorf und klingeln mit einer gellenden Handglocke, ein Zeichen, daß die Frauenversammlung stattfinden soll – es wäre sinnlos, hier eine bestimmte Stunde festzusetzen, da die Uhrzeit unbekannt ist.

Kurz darauf sammeln sich Trüppchen von Mädchen jeden Alters von fünf bis fünfundzwanzig Jahren und ziehen in ihren rötesten Sonntagsröcken zum Schulhaus hinunter. Es ist erstaunlich, daß diese jungen Frauen bereit sind, ihren einzigen freien Nachmittag mit mühsamen Studien der Rechtschreibung zuzubringen, und dies nur wegen einer vagen Hochachtung vor dem Gälischen. Diese verdanken sie sicherlich größtenteils den Besuchern der Insel. Die Tatsache jedoch, daß sie einem solchen Einfluß so bereitwillig nachgeben, ist an sich schon bemerkenswert.

In der älteren Generation, auf die diese neue Sprachbewegung keinen Einfluß mehr hat, kann ich keinen besonderen Hang zum Gälischen entdecken. Sie sprechen mit ihren Kindern so oft wie möglich Englisch, um ihnen ihren Lebensweg zu erleichtern. Sogar die jungen Männer sagen manchmal zu mir:

»Du sprichst ein gewaltiges Englisch, und bei Gott, wenn ich es nur so könnte.«

Die Frauen sind die große erhaltende Kraft, was die

Sprache angeht. Sie lernen etwas Englisch in der Schule und von ihren Eltern, aber sie haben selten Gelegenheit, mit jemand anderem als den Bewohnern der Inseln zu sprechen, und so bleibt ihre Kenntnis von der fremden Sprache fragmentarisch. In dem Haus hier habe ich die Frauen nie ein Wort Englisch sprechen hören, außer wenn sie zu den Schweinen oder zu den Hunden sprachen, oder wenn das Mädchen einen englischen Brief vorlas. Frauen von ausgeprägterem Naturell erreichen jedoch eine beachtliche Sprachfertigkeit unter gleichen Voraussetzungen. Eine Verwandte der alten Frau, die oft zu Besuch kommt, ist ein Beispiel dafür.

In der Jungenschule, in die ich manchmal hineinsehe, bin ich immer wieder überrascht von den Englischkenntnissen der Kinder, obgleich sie unter sich immer nur Irisch sprechen. Die Schule selbst ist ein trostloses Gebäude in ungeschützter Lage. Bei kaltem Wetter kommen die Kinder morgens mit einem Brocken Torf, der mit ihren Büchern zusammengebunden ist – eine einfache Gebühr, die das Feuer in Gang hält. Eine etwas zeitgemäßere Methode soll aber, glaube ich, bald eingeführt werden.

Ich bin wieder auf der Nordinsel und blicke mit besonderer Bewegung zu den Klippen der anderen Seite des Sunds hinüber. Es ist schwer zu glauben, daß diese elenden Hütten, die ich im Süden gerade erkennen kann, von Menschen bewohnt werden, deren Leben so fremdartig ist, wie man das in ältester Dichtung und Legende antrifft. Im Vergleich zu ihnen fällt das Leben mit zunehmendem Wohlstand auf dieser Insel stark ab, und das ist sehr entmutigend. Der Zauber, der dort von Menschen, Vögeln und Blumen gleichermaßen ausgeht, ist hier ersetzt durch die Unruhe von Menschen, die auf Gewinn aus sind. Die Augen und der ganze Ausdruck sind anders, obgleich es die gleichen Gesichter sind, und sogar die Kinder hier scheinen einen undefinierbar modernen Ausdruck zu besitzen, den es bei den Menschen von Inishmaan nicht gibt.

Meine Fahrt von der Mittelinsel herüber war wild. Der Morgen war so stürmisch, daß ich an sich die Überfahrt nicht unternommen hätte, aber da ich mit einer Curagh fahren wollte, die herüberkam, um den Gemeindepriester zu holen, der Gottesdienst auf Inishmaan abhalten wird, wollte ich von der Fahrt nicht zurücktreten.

Ich ging am Morgen aus und wie gewöhnlich zu den Klippen hinüber. Ein paar Männer, die ich traf, schüttelten die Köpfe, als ich ihnen sagte, ich führe ab, und bezweifelten, ob eine Curagh bei solchem Seegang den Sund überqueren könne.

Als ich zum Haus zurückging, erfuhr ich, daß der Kurat gerade von der Südinsel herübergekommen war nach einer so schlimmen Überfahrt, wie er sie noch nie erlebt hatte.

Die Flut sollte um zwei Uhr wechseln, und man nahm an, das Meer würde danach ruhiger sein, da dann Wind und Wellen aus der gleichen Richtung kämen. Wir saßen den ganzen Morgen in der Küche herum. Alle paar Minuten kamen Männer herein und äußerten ihre Meinung dazu, ob die Überfahrt unternommen werden solle und an welchen Stellen die See wohl am schlimmsten sein würde. Schließlich wurde beschlossen zu fahren, und ich machte mich in einem wüsten Regenschauer und einem Wind, der in den Wällen heulte, auf den Weg zum Pier. Der Schulmeister und ein Priester, der mit mir fahren sollte, kamen heraus, als ich durchs Dorf ging, und rieten mir, die Überfahrt nicht zu machen; aber meine Mannschaft war weiter zum Meer gegangen, und ich hielt es für besser, ihnen zu folgen. Der älteste Sohn der Familie kam auch mit, und ich dachte, daß der alte Mann, der die Wellen besser kannte als ich, seinen Sohn nicht hinausschicken würde, wenn es mehr als leidlich gefährlich war.

Meine Mannschaft wartete unter einem hohen Wall unterhalb des Dorfes auf mich, und wir gingen zusammen weiter. Nie hatte die Insel so öde geschienen. Ein unbeschreibliches Gefühl von Niedergeschlagenheit überkam mich, als ich über den schwarzen Kalkstein hinweg durch den treibenden Regen auf den Golf, erfüllt von kämpfenden Wogen, sah.

Der alte Mann verriet mir, was er vom Nutzen der Furcht hielt: »Ein Mann, der sich nicht vor dem Meer fürchtet, wird bald ertrinken«, sagte er, »denn er wird an einem Tag ausfahren, an dem er nicht fahren sollte. Aber wir haben Angst vor der See, und wir ertrinken nur dann und wann.«

Eine ganze Reihe Nachbarn hatte sich weiter unten angesammelt, um mich zu verabschieden, und als wir die Dünen überquerten, mußten wir einander zuschreien, um den Wind zu übertönen.

Die Besatzung trug die Curagh hinunter und blieb dann im Lee des Pier stehen. Sie banden sich die Hüte mit Schnüren fest und zogen die Ölhäute an. Sie

prüften die Halterungen der Ruder, die Dollen und alles übrige an der Curagh mit einer Sorgfalt, die ich vorher noch nie an ihnen beobachtet hatte, dann wurde meine Tasche hineingehoben, und wir waren fertig. Außer den vier Leuten der Besatzung kam noch ein Mann mit uns, der mit zu dieser Insel fahren wollte. Als er in den Bug kletterte, trat ein alter Mann vor die Menge. »Nehmt diesen Mann nicht mit euch«, sagte er. »Letzte Woche nahmen sie ihn mit nach Clare, und sie alle ertranken beinahe. An einem anderen Tag fuhr er nach Inisheer, und drei Spanten der Curaghs brachen, und sie kamen gerade noch zurück. Es gibt niemanden wie ihn auf den drei Inseln für Unglück.«
»Der Teufel erwürge das alte Geschwätz, das du machst«, sagte der Mann.
Wir fuhren los. Es war eine vierrudrige Curagh, und ich hatte den letzten Sitz bekommen, um das Heck für den Mann frei zu lassen, der mit einem Ruder steuerte, das im rechten Winkel zu den andern an einem besonderen Ruderpflock am Dollbord des Hecks angebracht war. Nach etwa hundert Metern Fahrt wurde ein kleines Segel im Bug gehißt, und die Geschwindigkeit nahm stark zu.
Der Regen war abgezogen und der Wind hatte nachgelassen, aber große, herrlich funkelnde Wellen rollten im rechten Winkel zur Fahrtrichtung auf uns zu. Jeden Augenblick warf der Steuermann mit einem plötzlichen Schlag seines Ruders das Boot herum, das Vorschiff richtete sich auf, fiel dann mit einem Krachen in das nächste Wellental und schleuderte Massen von Schaum hoch. Beim Herabfallen wurde nun wieder das Heck hochgeworfen, und der Steuermann,

der sein Ruder losließ und sich mit beiden Händen am Dollbord hielt, und ich wurden hoch über das Meer gehoben. Die Welle lief ab, wir gewannen wieder Kurs und ruderten ein paar Meter heftig weiter, dann wiederholte sich das gleiche Manöver. Während wir uns in den Sund hinausarbeiteten, trafen wir auf eine andere Art Wellen, die schon in der Entfernung deutlich die anderen überragten. Wenn eine von diesen in Sicht kam, kam es zuerst darauf an, aus ihrer Reichweite zu gelangen. Der Steuermann rief auf Gälisch »Siubhal, siubhal – fort, fort –«, und manchmal, wenn die Masse mit furchtbarer Schnelligkeit auf uns zuglitt, wurde seine Stimme zu einem Schrei. Dann nahmen die Ruderer selbst den Ruf auf, und die Curagh schien in der wahnsinnigen Angst eines Tieres zu springen und zu zittern, bis die Welle hinter ihr vorbeilief oder mit Getöse neben dem Heck zusammenbrach. In dieser Wettfahrt mit den Wellen lag die größte Gefahr. Wenn die Welle vermieden werden konnte, war es gut, wenn sie uns aber überholte, während wir zu entkommen versuchten, und uns längsseits packte, war uns der Untergang sicher. Ich sah, wie der Steuermann vor Aufregung zitterte, denn jeder Irrtum in seiner Berechnung hätte uns untergehen lassen.

Einmal kamen wir gerade noch davon. Eine Welle tauchte hoch über den anderen auf, und sofort wurde alle Kraft eingesetzt. Aber es nützte nichts, und im nächsten Augenblick mußte sich die Welle auf uns werfen. Mit einem Wutschrei kämpfte der Steuermann mit dem Ruder, um die Welle unseren Bug treffen zu lassen. Beinahe hatte er es geschafft, dann umgab uns

ein Krachen und Toben von Wasser. Ich hatte das Gefühl, als sei ich mit geknoteten Seilen auf den Rücken geschlagen worden. Weißer Schaum gurgelte um meine Knie und meine Augen. Die Curagh richtete sich auf, schwankte und zitterte einen Moment und fiel dann sicher in das nächste Wellental. Das war der schlimmste Augenblick, obgleich wir noch gefährliche Arbeit zu leisten hatten, als einige Wellen so dicht hintereinander kamen, daß wir keine Zeit hatten, zwischendurch das Fahrzeug wieder unter Kontrolle zu bekommen. Unser Leben hing von der Geschicklichkeit und dem Mut der Männer ab, so wie das Leben des Reiters oder Schwimmers oft in den eigenen Händen liegt, und die Aufregung war zu groß, als daß Zeit für Furcht blieb.
Mir bereitete die Überfahrt Vergnügen. In diesem flachen Trog aus Segeltuch, der sich bog und mit den Bewegungen der Männer bebte, bekam ich ein so unmittelbares Gefühl von der Größe und Gewalt der Wellen, wie ich es auf einem Dampfer nie erlebt hatte.

Wieder leistet mir der alte Mourteen Gesellschaft, und ich kann inzwischen sein Irisch größtenteils verstehen. Er nahm mich heute mit zu den Resten einiger »cloghauns«, Bienenstock-Behausungen, die sich nahe dem mittleren Höhenzug der Insel noch erhalten haben. Nachdem ich sie mir angesehen hatte, legten wir uns in die Ecke eines kleinen Feldes, das mit herbstlicher Sonne und dem Geruch welkender Blumen erfüllt war, und er erzählte mir eine lange Volkssage, deren Bericht mehr als eine Stunde dauerte.

Er ist so blind, daß ich ihn, ohne unhöflich zu sein, betrachten kann, und nach einer Weile vergaß ich über dem Ausdruck seines Gesichtes das Zuhören, und träumend lag ich im Sonnenschein, und die alten Formeln der Geschichte verwoben sich mit den Einflüssen des vorgeschichtlichen Mauerwerks, auf dem ich lag. Die Hitze kindischer Begeisterung, die ihn bei dem sinnlosen Schluß überkam, der bei diesen Geschichten so häufig ist, brachte mich zu mir selbst zurück, und ich hörte aufmerksam zu, als er aufgeregt und hastig schwätzte: »Sie haben den Weg, ich habe nur die Pfütze; sie ertranken und ich wurde gerettet; mir ist es heute einerlei, ihnen wars dann gar nicht gleich; und wenn es nicht so war –, nur ein paar Knochen gingen drauf ...«, oder einen ähnlichen Unsinn.
Als ich ihn auf den Wegen, die er mir beschrieb, nach Hause führte – denn so bewegen wir uns fort –, und ich ihn dann und wann über die niedrigen Wälle hob, über die er wegen seiner Gebrechlichkeit nicht klettern kann, brachte er das Gespräch auf den Gegenstand, dessen sie niemals müde werden – meine Ansichten über die Ehe. Als wir den höchsten Punkt der Insel erreicht hatten, hielt er an, und hinter ihm konnte man die weite Fläche des Atlantik gerade erkennen.
»Sag mir ehrlich, edler Herr«, begann er, »denkst du niemals an die jungen Mädchen? Zu der Zeit, als ich ein junger Mann war, da konnte ich beim Teufel keine ansehen, ohne sie heiraten zu wollen.«
Ich antwortete: »Mourteen, wie kommst du eigentlich darauf, mich das zu fragen? Was denkst du eigentlich über mich?«
»Ja, edler Herr, ich denke, du wirst dich sehr bald ver-

heiraten. Hör, was ich dir sage: Ein Mann, der nicht verheiratet ist, ist nicht besser als ein alter Esel. Er geht in das Haus seiner Schwester und in das Haus seines Bruders, er ißt ein wenig an diesem Tisch und ein wenig an einem anderen Ort, aber er selbst hat kein Heim, wie ein alter Esel, der auf den Felsen herumstreunt.«

Ich habe Aran verlassen. Der Dampfer hatte eine größere Ladung als sonst, und es war nach vier Uhr, als wir aus Kilronan ausliefen. Wieder sah ich mit unfaßbarer Trauer die drei niedrigen Felsen ins Meer tauchen. Es war ein klarer Abend, und als wir in die Bucht hinauskamen, stand die Sonne wie eine Aureole hinter den Klippen von Inishmaan. Ein wenig später zog sich ein herrliches Glühen über den Himmel und vertiefte das Blau des Meeres und der Hügel von Connemara.

Als es dunkel geworden war, wurde es sehr kalt, und ich wanderte auf dem einsamen Schiff umher, das allein seinen Weg über das Meer zu suchen schien. Ich war der einzige Passagier, und außer einem Jungen, der steuerte, hockte die ganze Besatzung im warmen Maschinenraum. Drei Stunden gingen vorüber, und nichts rührte sich. Die langsame Bewegung des Schiffes und das klagende Geräusch des kalten Meeres ringsum wurden fast unerträglich. Dann kamen die Lichter von Galway in Sicht, und als wir langsam an den Kai heranstampften, erschien die Besatzung wieder.

An Land hatte ich dann Schwierigkeiten, jemanden zu finden, der mir mein Gepäck zur Bahn brachte. Als ich einen Mann im Dunkeln gefunden und meine Tasche auf seine Schultern gehievt hatte, stellte sich heraus, daß er betrunken war, und ich konnte nur mit Mühe verhindern, daß er mit meinen ganzen Sachen vom Kai herabstürzte. Er versicherte mir, er würde mich auf einer Abkürzung in die Stadt bringen, aber als wir mitten zwischen öden, zerfallenen Gebäuden und Schiffsskeletten waren, ließ er die Tasche zu Boden fallen und setzte sich darauf.

»Sehr schwer ist sie, wirklich, der Herr«, sagte er. »Ich meine, daß da sicher Gold drinnen ist.«

»Zum Teufel, nichts anderes ist drin als Bücher«, antwortete ich ihm auf Gälisch.

»Bedad, is mor an truaghé – das ist ein großer Jammer«, sagte er.

»Wenn es Gold wäre, was darin ist – was für eine donnernde Zeche könnten wir diese Nacht in Galway machen.«

Nach etwa einer halben Stunde hatte ich mein Gepäck wieder auf seinem Rücken, und wir machten uns auf den Weg in die Stadt.

Später am nächsten Tag ging ich hinunter zum Kai, um nach Michael zu suchen. Als ich in die enge Straße einbog, wo er wohnt, schien mir jemand im Schatten zu folgen, und als ich stehenblieb, um seine Hausnummer zu finden, hörte ich nahe bei mir das »Failte« – Willkommen – von Inishmaan. Es war Michael.

»Ich sah dich auf der Straße«, sagte er, »aber ich traute mich nicht, dich inmitten der Leute anzusprechen. Deshalb folgte ich dir, um zu sehen, ob du dich an mich erinnerst.«

Wir kehrten zusammen um und wanderten durch die Stadt, bis er zu seiner Unterkunft gehen mußte. Er

»Noch immer waren keine Wolken am Himmel, und es war sehr heiß. Wenn sie nicht in Aktion waren, lagen die Polizisten schwitzend und keuchend im Schatten der Wälle und hatten ihre Röcke aufgeknöpft. Sie boten einen nicht gerade anziehenden Anblick.«

»Als die wenigen Sachen herausgetragen waren und die Tür mit Steinen verschlossen worden war, setzte sich die alte Frau an die Schwelle und bedeckte ihren Kopf mit ihrem Tuch. Fünf oder sechs andere Frauen, die nahebei leben, setzten sich in stiller Teilnahme in einem Kreis um sie herum.«

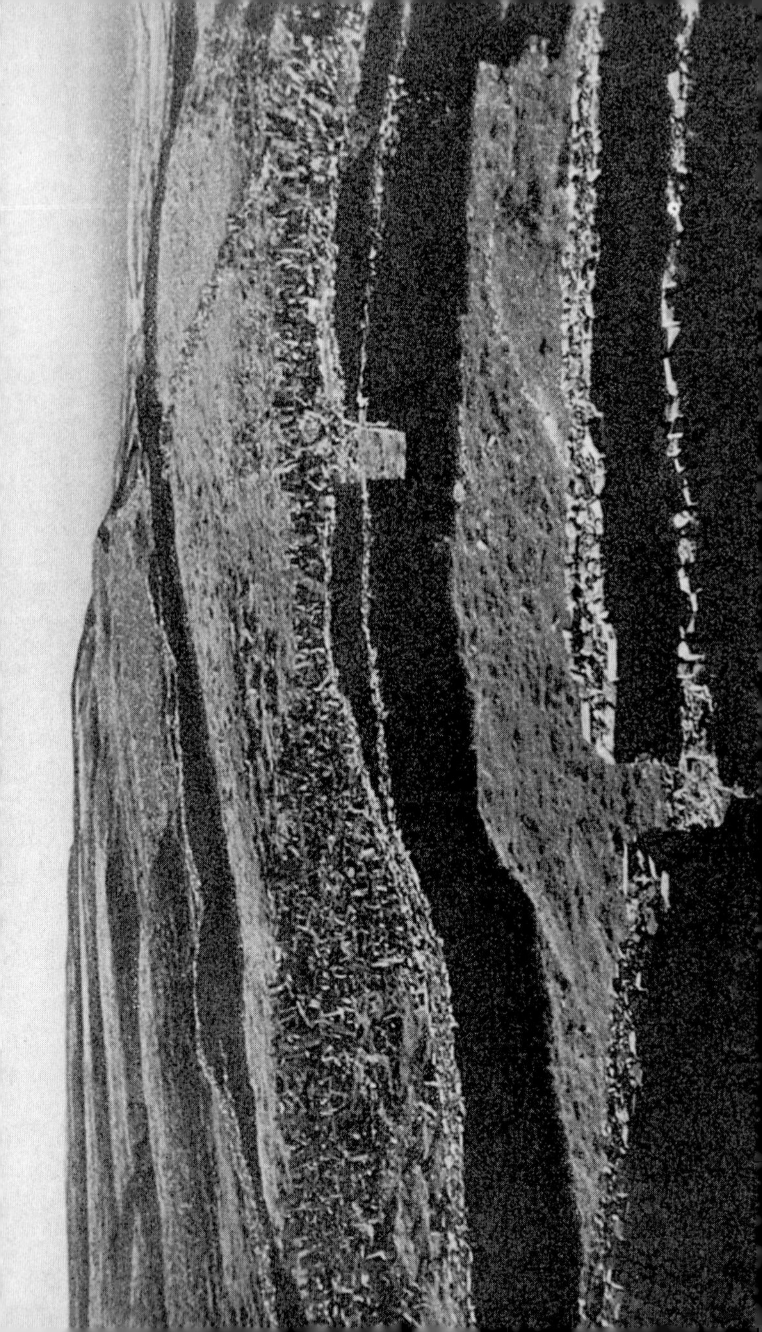

war noch immer der gleiche mit all seiner Schlichtheit und seinem Scharfsinn. Die Arbeit, die er hier tut, gefällt ihm nicht, und er ist unzufrieden.
Es war der Abend vor der Parnell-Feier in Dublin, und die Stadt war voll von Ausflüglern. Sie warteten auf einen Zug, der um Mitternacht abgehen sollte. Nachdem mich Michael verlassen hatte, blieb ich noch einige Zeit in einem Hotel und wanderte dann zur Eisenbahn hinunter. Eine wüste Menge war auf dem Bahnsteig und tobte in jedem Grad von Rausch um den Zug herum. Nie vorher hatte ich ein besseres Beispiel für das halbwilde Temperament von Connaught gesehen. Die dichte Spannung menschlicher Erregung schien mir in dieser kleinen Menge Menschen größer zu sein, als ich sie je bei riesigen Menschenmassen in Rom oder Paris erlebt habe.
Einige Leute von den Inseln waren auch auf dem Bahnsteig, und ich schloß mich ihnen in einem Wagen dritter Klasse an. Eine der Frauen hatte ihre Nichte bei sich, ein junges Mädchen von Connaught, das neben mich gesetzt wurde; am anderen Ende des Wagens waren ein paar alte Männer, die Irisch sprachen, und ein junger Mann, der Matrose gewesen war. Als sich der Zug in Bewegung setzte, gab es auf dem Bahnsteig wilde Hochrufe und Schreie, und im Zug selbst herrschte großer Lärm. Männer und Frauen schrien und sangen und schlugen mit ihren Stöcken auf die Abteilwände. An verschiedenen Bahnhöfen gab es einen Sturm auf die Bar, so daß die Erregung zunahm, je weiter wir kamen.
In Ballinasloe standen Soldaten auf dem Bahnsteig und suchten Platz. Der Seemann in unserem Abteil

bekam mit einem von ihnen Streit, und im nächsten Moment wurde die Tür aufgestoßen und das Abteil war voll von taumelnden Uniformen und Stöcken. Nach kurzem Aufruhr wurde der Friede wiederhergestellt, und die Soldaten verschwanden, aber als sie draußen waren, streckte eine Bande ihres weiblichen Anhangs die bloßen Köpfe und Arme zur Tür herein, und sie fluchten und schimpften in größter Wut. Als sich der Zug kurz darauf in Bewegung setzte, erhoben diese Weiber ein wahnsinniges Wehgeschrei. Ich blickte hinaus und sah die wüstesten Köpfe und Gestalten, die mir jemals vor Augen gekommen sind. Sie kreischten, schrien und schwenkten die nackten Arme im Licht der Laternen.

Später in der Nacht begannen im nächsten Wagen Mädchen laut zu schreien, und wenn der Zug an einer Station hielt, konnte ich die Worte obszöner Lieder hören.

In unserem Abteil ließ der Matrose niemanden schlafen und redete die ganze Nacht mit gelegentlichen Anflügen von Witz oder Brutalität, immer aber in dem herrlichen Redefluß eines ungezügelten Temperaments. Die alten Männer in den schwarzen Kleidern, die etwas von der Altertümlichkeit von Erbstücken hatten, redeten in ihrer Ecke die ganze Nacht auf Gälisch miteinander. Das junge Mädchen neben mir verlor nach einer Weile ihre Scheu und ließ sich von mir Einzelheiten der Landschaft zeigen, die in der Dämmerung auftauchten, als wir uns Dublin näherten. Sie war entzückt von den Schatten der Bäume – Bäume sind in Connaught selten – und von dem Kanal, auf dem sich das Licht des Morgens spiegelte. Jedesmal, wenn ich ihr einen neuen Umriß zeigte, rief sie mit naiver Begeisterung: »Oh, es ist schön, aber ich kann es nicht sehen.« Ihre Gegenwart stand in merkwürdigem Kontrast zu der Roheit, die hinter uns die Trennwand erzittern ließ. Der ganze Geist Westirlands mit der ihm eigenen Wildheit und gleichzeitigen Scheu schien in diesem Zug in Bewegung zu sein, um dem toten Staatsmann des Ostens eine letzte Huldigung zu erweisen.

III

Hier in Paris habe ich einen Brief von Michael erhalten. Er ist auf Englisch geschrieben.

Mein lieber Freund – ich hoffe, daß Du bei guter Gesundheit bist, seitdem ich das letzte Mal von Dir gehört habe; es sind viele Male, daß ich an Dich denke seither, und auch in Zukunft will ich Dich nicht vergessen.
Ich war zu Hause am Anfang des März für vierzehn Tage und war sehr schlecht daran mit der Grippe, aber ich achtete gut auf mich.
Ich bekomme guten Lohn vom Ersten dieses Jahres an, und ich fürchte, ich kann nicht dabei bleiben, obgleich die Arbeit nicht schwer ist. Ich arbeite in einer Sägemühle und bekomme das Geld für das Holz und führe darüber Rechnung.
Ich bekomme einen Brief und einige Nachricht von zu Hause zwei- oder dreimal in der Woche, und sie alle sind gut bei Gesundheit, auch deine Freunde auf der Insel, alle die ich nennen könnte.
Hast du irgendeinen meiner Freunde in Dublin gesehen, Mr.... oder jemand von diesen Herren oder Damen.
Ich denke, ich werde bald Amerika versuchen, aber nicht vor nächstem Jahr, wenn ich noch am Leben bin.
Ich hoffe, wir werden uns wieder begegnen in guter und angenehmer Gesundheit.
Es ist nun Zeit zum Schluß zu kommen, ein Lebewohl und nicht für immer, schreibe bald. – Ich bin dein Freund in Galway.
Schreibe bald, lieber Freund.

Hier ein anderer Brief in einem mehr pathetischen Ton.

Mein lieber Herr Synge – ich versuche seit langer Zeit etwas Zeit zu haben, um Euch ein paar Worte zu schreiben. In der Hoffnung, Ihr habt gute und angenehme Gesundheit, seit ich von Euch einen Brief bekam.
Ich sehe jetzt, daß Eure Zeit kommt, um hierherzukommen, um Eure Muttersprache zu erlernen. Es gab ein großes Feis (Fest) auf dieser Insel vor zwei Wochen, und da nahmen viele von der Südinsel teil und nicht sehr viele von der Nordinsel.
Zwei von meinen eigenen Vettern sind in diesem Haus drei oder mehr Wochen lang gewesen, aber jetzt sind sie fort, und da ist ein Raum für Euch, wenn Ihr zu kommen wünscht, und Ihr könnt vor Eurer Ankunft schreiben, und wir werden versuchen und Euch aufnehmen so gut wir können.
Ich bin zu Hause jetzt für etwa zwei Monate, denn die Holzmühle verbrannte, wo ich in der Arbeit war. Danach war ich in Dublin, aber es bekam meiner Gesundheit nicht in dieser Stadt.
Mise le mor mheas ort a chara.

Bald nachdem mich dieser Brief erreicht hatte, schrieb ich an Michael, um ihm mitzuteilen, daß ich wieder zu ihnen kommen würde. Diesmal nahm ich einen Dampfer, der die Mittelinsel direkt anläuft, und als wir zwischen die zwei Reihen Curaghs hereinkamen, die vor der Mole warteten, sah ich, daß Michael in einer davon heranruderte, jetzt wieder in der alten

Kleidung der Insel. Er gab kein Zeichen des Erkennens, aber sobald sie längsseits gehen konnten, kletterte er an Bord und kam geradewegs auf die Brücke, wo ich mich befand.

»Bh-fuil tu go maith – Bist du wohlauf?« sagte er. »Wo ist deine Tasche?«

Seine Curagh hatte einen ungünstigen Platz am Bug des Dampfers, so daß ich aus beträchtlicher Höhe auf einige Mehlsäcke und meine eigene Tasche herabgelassen wurde, während die Curagh schlingerte und gegen die Seite des Dampfers schlug.

Nachdem wir klargekommen waren, fragte ich Michael, ob er meinen Brief erhalten habe. »O nein«, sagte er, »nichts davon, aber vielleicht kommt er nächste Woche.«

Ein Teil der Mole war im vergangenen Winter fortgespült worden, so daß wir links davon zwischen den Felsen landen mußten, zusammen mit den anderen wieder einlaufenden Curaghs. Sobald ich an Land war, umringten mich die Männer und hießen mich willkommen. Sie schüttelten mir die Hand und fragten mich, ob ich im vergangenen Winter weit gereist sei und viele Wunder gesehen hätte, und schlossen wie üblich mit der Frage, ob es gegenwärtig viel Krieg in der Welt gäbe.

Ein starkes Glücksgefühl überkam mich, ihre gälischen Gruß- und Segensworte zu hören und den Dampfer wieder abfahren zu sehen, der mich ganz allein mit ihnen zurückließ. Der Tag war schön mit einem klaren Himmel, und das Meer glitzerte hinter dem Kalkstein. Ein leichter Dunst weit draußen um die Klippen der größeren Insel und auf den Hügeln von

Connaught gab mir die Illusion, daß es noch Sommer sei.
Ein kleiner Junge wurde vorausgeschickt, um der alten Frau zu sagen, daß ich käme, und wir folgten langsam mit dem Gepäck und redeten miteinander. Als ich mit meinen Neuigkeiten zu Ende war, erzählten sie mir die ihren. Eine Menge Fremder – vier oder fünf –, unter ihnen ein französischer Geistlicher, waren im Sommer auf der Insel gewesen; die Kartoffeln waren verdorben, aber der Roggen hatte gut gestanden, dann war eine trockene Woche gekommen, und dann war er zu Hafer geworden. »Wenn du uns nicht so gut kennen würdest«, sagte der Mann, der gerade erzählte, »würdest du denken, es wäre eine Lüge, was wir erzählen, aber leider ist auch nichts davon gelogen. Er wuchs gerade und gut, bis er so hoch wie dein Knie stand, dann wurde er zu Hafer. Hast du so etwas je in der Grafschaft Wicklow gesehen?«
Im Haus war alles wie immer, nur hat Michaels Anwesenheit der alten Frau ihren Humor und ihre Zufriedenheit zurückgegeben. Als ich mich auf meinen Hocker setzte und meine Pfeife mit einem Stückchen Torf anzündete, hätte ich am liebsten vor Freude über meine Rückkehr laut geschrien.

Dieses Jahr ist Michael untertags beschäftigt, es ist aber gerade herbstlicher Vollmond, und wir streifen fast den ganzen Abend auf der Insel umher und sehen auf die Bucht, auf der die Schatten der Wolken eigenartige Muster von Gold und Schwarz hervorrufen. Als wir heute abend durch das Dorf zurückkamen, drang jubelnder Lärm aus einem der kleineren Häuser, und

Michael sagte, es seien die jungen Burschen und Mädchen, die sich zu dieser Jahreszeit vergnügen. Ich wäre gerne dabeigewesen, hatte aber Angst, sie bei ihrem Vergnügen zu stören. Wir gingen weiter, und die vereinzelten Gruppen der Hütten an beiden Seiten des Weges erinnerten mich an Orte, an denen ich manchmal auf der Fahrt durch Frankreich oder Bayern vorbeigekommen war und die so in die blaue Stille der Nacht eingehüllt waren, daß man glauben konnte, sie würden nie wieder zum Leben erwachen.

Später gingen wir dann noch hinauf auf den Dun, wo Michael, wie er sagte, nie nach Einbruch der Dunkelheit gewesen war, obwohl er nur einen Steinwurf entfernt davon lebt. Der Ort gewinnt in diesem Licht unerwartete Größe und steht am höchsten Punkt der Insel wie eine Korona vorgeschichtlicher Steine. Wir gingen noch einige Zeit oben auf dem Steinwall umher und blickten hinunter auf die blaßgelben Dächer mit den glitzernden Felsen hinter ihnen und der Stille der Bucht. Obwohl Michael die Schönheit der Natur ringsum wahrnimmt, spricht er nie direkt davon, und viele unserer Abendspaziergänge sind voll langer gälischer Gespräche über die Bewegung von Sternen und Mond.

Bei diesen Menschen gibt es keinen Unterschied zwischen Natürlichem und Übernatürlichem.

Heute nachmittag – es ist Sonntag, an dem immer interessante Gespräche unter den Inselbewohnern stattfinden – hat es geregnet, deshalb ging ich in die Küche des Lehrers, wo sich die fortschrittlicheren Inselbewohner häufig einfinden. Ich weiß so wenig von der Art und Weise des Fischens und Anbaus, daß es mir schwerfällt, die Unterhaltung in Gang zu halten, ohne auf Dinge zu kommen, bei denen sie mir nicht mehr folgen können, und seit meine Photographien den Reiz des Neuen verloren haben, wird es für mich schwierig, sie so zu unterhalten, wie sie das von mir erwarten. Heute zeigte ich ihnen ein paar einfache gymnastische Kunststücke und Zaubertricks, die ihnen großes Vergnügen machten.

»Sag uns nun«, sagte danach eine alte Frau, »hast du diese Dinge nicht von den Hexen gelernt, die da draußen im Land sind?«

Bei einem dieser Zaubertricks fügte ich scheinbar ein Stück Seil wieder zusammen, das von den Leuten erst auseinandergeschnitten worden war, und die Täuschung gelang so vollständig, daß ich sah, wie ein Mann in eine Ecke ging und so lange an der angeblichen Verbindungsstelle zog, bis seine Hände rote Striemen hatten. Dann brachte er mir das Seil zurück. »Wahrhaftig«, sagte er, »das ist das allergrößte Wunder, das ich gesehen habe. Das Seil ist eine Spur dünner geworden, wo du es zusammengefügt hast, aber genauso fest, wie es war.«

Einige der jüngeren Männer sahen mißtrauisch drein, aber die älteren Leute, die Roggen sich in Hafer verwandeln gesehen hatten, schienen ganz an den Zauber zu glauben und zeigten nicht das geringste Erstaunen darüber, daß ein »duine uasal« – ein edler Herr – etwas wie die Hexen fertigbrachte.

Mein Umgang mit diesen Menschen hat mich gelehrt, daß Wunder überall dort häufig sein müssen, wo man die Naturgesetze nicht begreift. Allein auf diesen Inseln geschehen jedes Jahr genug Wunder, um einen Boten des Himmels damit auszustatten. Roggen wird zu Hafer; Stürme entstehen, damit Steuereintreiber nicht an die Küste gelangen; Kühe auf einsamen Felsen werfen Kälber – und viele solche Vorkommnisse sind an der Tagesordnung. Das Wunder ist ein zwar seltenes, aber doch erwartetes Ereignis, wie ein Gewitter oder der Regenbogen, nur noch etwas seltener und um ein wenig wunderbarer. Oft, wenn ich auf meinen Spaziergängen mit den Leuten ins Gespräch komme und ihnen dann erzähle, daß ich eine Zeitung aus Dublin bekommen habe, fragen sie mich: »Und ist denn kein großes Wunder in der Welt zu dieser Zeit geschehen?«

Als ich mit meinen gymnastischen Geschicklichkeitsübungen fertig war, beobachtete ich mit Erstaunen, daß keiner der Inselbewohner, nicht einmal die jüngsten und behendesten, mir etwas davon nachmachen konnte. Als ich an ihren Armen und Beinen herumzog und mich bemühte, ihnen etwas davon beizubringen, merkte ich, daß sie mir mit der Leichtigkeit und Schönheit ihrer Bewegungen gewandter erschienen waren, als sie es wirklich sind. In den Curaghs mitten zwischen Felsen und Meer machen sie den Eindruck, geschmeidig und klein zu sein, wären sie aber wie wir gekleidet und befänden sich in einem gewöhnlichen Raum, so würden viele von ihnen schwer und kräftig wirken. Ein Mann jedoch, der Meistertänzer der Insel, stand wenig später auf und führte den Lachssprung vor – er lag dabei flach mit dem Gesicht nach unten auf dem Boden und sprang dann horizontal hoch in die Luft – und mit ungewöhnlicher Ge-

wandtheit noch andere Kunststücke. Er ist aber nicht mehr jung, und wir konnten ihn nicht dazu bewegen, zu tanzen.
Am Abend mußte ich meine Kunststücke hier im Haus in der Küche wiederholen, denn mein Ruhm hatte sich bereits über die Insel verbreitet.
Ohne Zweifel werden diese Kunststücke hier noch nach Generationen im Gedächtnis leben. Die Menschen haben so wenige bildliche Vergleiche, um etwas zu beschreiben, daß sie dazu alles aufgreifen, was an ihren Besuchern bemerkenswert ist, um es dann in ihren Unterhaltungen zu verwenden. So sagen sie seit ein paar Jahren immer, wenn sie von jemand sprechen, der schöne Ringe trägt:
»Sie hatte schöne Ringe an den Fingern wie die Lady ...«, eine Besucherin der Insel.

Bis es völlig dunkel war, habe ich unten auf dem Pier gesessen. Ich fange gerade erst an, die Nächte von Inishmaan zu verstehen und ihre besondere Wirkung auf diese Männer, die den größten Teil ihrer Arbeit nach Einbruch der Dunkelheit tun.
Ich konnte nichts hören außer einigen Brachvögeln und anderen wilden Vögeln, die im Tang pfiffen und schrien, und das gedämpfte Rauschen der Wellen. Es war eine der eigenartig dunklen und schwülen Septembernächte ohne das geringste Licht, außer dem Phosphoreszieren des Meeres und einem gelegentlichen Riß in den Wolken, der die Sterne dahinter sehen ließ. Das Gefühl von Einsamkeit war überwältigend. Ich konnte den eigenen Körper weder sehen noch ihn mir vorstellen, und ich schien nur aus der Wahrnehmung

der Wellen und der schreienden Vögel und aus dem Geruch des Tangs zu bestehen.
Als ich nach Hause gehen wollte, verirrte ich mich zwischen den Dünen, und die Nacht wurde unaussprechlich kalt und verloren, als ich zwischen schleimigen Tangmassen und nassen, bröckelnden Wällen umhertappte. Nach einer Weile hörte ich ein Geräusch im Sand, und zwei graue Schatten tauchten neben mir auf. Es waren zwei Männer, die vom Fischen nach Hause gingen. Ich sprach sie an und erkannte ihre Stimmen, und wir gingen zusammen heimwärts.

Das Dreschen des Roggens ist eine der vielen Aufgaben, die im Herbst den Männern und Jungen zufallen. Die Garben werden auf einem blanken Felsen zusammengetragen, und dann wird jede einzelne Garbe auf ein paar aneinandergelehnte Steine geschlagen. Der Boden ist so dürftig, daß ein Feld kaum mehr Getreide hervorbringt, als im nächsten Jahr für die Saat nötig ist. Der Roggenanbau wird deshalb nur des Strohs wegen betrieben, das man zum Dachdecken braucht. Die Garbenbündel werden auf Eseln zu den Dreschplätzen hin- und von dort wieder fortgeschafft. Zu dieser Jahreszeit trifft man sie überall, mit den schwarzen ungezäumten Köpfen, die gerade noch unter einem Berg goldenen Strohs zu sehen sind. Während des Dreschens tauchen fortwährend Söhne und Töchter mit irgendeinem Anliegen auf, bis auf den Felsen eine kleine Menschenmenge versammelt ist, und jeder, der auf seinem Weg zum Meer vorbeikommt, bleibt ein oder zwei Stunden stehen, um zu reden. So ist diese Arbeit, genau wie das Kelpbrennen im Sommer, voller Geselligkeit.

Nach dem Dreschen wird das Stroh zu den Häusern hinaufgeschafft, dort in einem Schuppen oder häufiger noch in einer Ecke der Küche aufgeschichtet, der es dann eine neue lebendige Farbe hinzufügt.
Vor einigen Tagen suchte ich ein Haus auf, in dem die schönsten Kinder der Insel leben. Die älteste Tochter, ein Mädchen von etwa vierzehn Jahren, setzte sich auf einen Haufen Stroh bei der Tür. Ein Sonnenstrahl fiel auf sie und auf einen Teil des Roggens, hob ihre Gestalt und das rote Kleid mit dem Stroh darunter auf eigenartige Weise gegen die Netze und Ölhäute ab und formte so ein natürliches Bild von schönster Harmonie und Farbe.
Das Dach unseres Hauses ist gerade gedeckt worden. Dies geschieht jedes Jahr. Das Drehen des Seiles geschah teils auf der Straße, teils in der Küche, dort besonders dann, wenn das Wetter unsicher war. Im allgemeinen sitzen zwei Männer gemeinsam an dieser Arbeit. Der eine hämmert das Stroh mit einem schweren Stück Holz, der andere formt das Seil, dessen Strang von einem Jungen oder Mädchen mit einem gebogenen, eigens für diese Arbeit geformten Stock gedreht wird. Wenn dies bei nassem Wetter im Hause geschehen muß, geht derjenige, der das Seil dreht, Schritt für Schritt zur Tür hinaus, über die Straße und manchmal noch weiter über ein oder zwei Felder. Um das dichte Netz, das über das Strohdach gebreitet wird, herstellen zu können, wird eine beachtliche Länge benötigt. Jedes Stück mißt etwa fünfzig Meter. Wird diese Arbeit in vielen Häusern des Dorfes gleichzeitig getan, bietet die Straße einen eigenartigen Anblick, und man muß sich den Weg durch ein Labyrinth

von sich drehenden Seilen suchen, die auf jeder Seite aus den dunklen Türen in die Felder hinausführen. Nachdem vier oder fünf riesige Seilknäuel fertig sind, tut sich eine Anzahl Männer zum Dachdecken zusammen. Am Morgen kommen sie dann, bevor es hell wird, zu dem betreffenden Haus und gehen mit solcher Energie an die Arbeit, daß sie gewöhnlich noch am selben Tag abgeschlossen ist.

Wie alle Arbeit, die man auf der Insel gemeinsam unternimmt, ist das Dachdecken eine Art Fest. Wird ein Dach in Angriff genommen, dann herrscht ein Durcheinander von Lachen und Reden, bis es fertig ist. Der Mann, dessen Haus gedeckt wird, ist Gastgeber statt Arbeitgeber, und er tut alles, den Männern, die mit ihm arbeiten, gefällig zu sein.

Am Tag, an dem unser Haus gedeckt wurde, wurde der große Tisch aus meinem Zimmer in die Küche gestellt, und alle paar Stunden gab es Tee und etwas zu essen. Die meisten Leute, die die Straße entlangkamen, kehrten für ein paar Minuten in der Küche ein, und das Reden hörte nicht auf. Als ich mich einmal aus dem Fenster lehnte, hörte ich, daß Michael vom Giebel herab meine astronomischen Erklärungen wiedergab, gewöhnlich jedoch dreht sich das Gespräch natürlich um Angelegenheiten der Insel.

Ein großer Teil der Intelligenz und des Zaubers dieser Menschen rührt wahrscheinlich daher, daß die verschiedenen Arbeiten nicht zu trennen sind. Das bedingt eine entsprechend umfassende Entwicklung jedes einzelnen, und die mannigfachen Kenntnisse und Fertigkeiten erfordern eine beachtliche geistige Regsamkeit. Jeder Mann spricht zwei Sprachen. Er ist ein erfahrener Fischer und kann eine Curagh mit außerordentlichem Mut und großer Geschicklichkeit handhaben. Er kann auf einfache Weise sein Land bebauen, er brennt Kelp, schneidet Pampooties, flickt Netze, kann ein Haus bauen und decken, kann eine Wiege oder einen Sarg machen. Mit den Jahreszeiten wechseln seine Tätigkeiten, und so bleibt er von der Stumpfheit verschont, die bei Menschen mit immer gleicher Beschäftigung auftritt. Die Gefährlichkeit des Lebens auf dem Meer verleiht ihm die Behendigkeit des primitiven Jägers, und die langen Nächte, die er in seiner Curagh auf Fischfang zubringt, wecken bei ihm Empfindungen, die man angeblich nur bei Menschen findet, die lange den Künsten gelebt haben.

Da Michael ja untertags zu arbeiten hat, habe ich einen Jungen gefunden, der jeden Nachmittag kommt und mir auf Irisch vorliest. Er ist etwa fünfzehn Jahre alt und ungewöhnlich intelligent, mit einem wirklichen Gefühl für die Sprache und für die Geschichten, die wir lesen.

Als er mir eines Abends zwei Stunden lang vorgelesen hatte, fragte ich ihn, ob er müde sei. »Müde?« sagte er. »Aber beim Lesen wird man doch gewiß nicht müde!«

Bei dieser Begabung für geistige Dinge hätte er noch vor einigen Jahren mit den alten Menschen zusammengesessen, um ihre Erzählungen zu hören; jetzt aber greifen Jungen wie er nach Büchern und Zeitungen auf Irisch, die ihnen aus Dublin geschickt werden.

In den meisten Geschichten, die wir lesen, stehen das Englische und das Irische nebeneinander, und ich sehe ihn bei Abschnitten, die etwas unklar sind, zum Englischen hinüberblicken, obgleich er ärgerlich wird, wenn ich ihm sage, daß er besser Englisch als Irisch kann. Wahrscheinlich spricht er das hiesige Irisch besser als Englisch und liest gedrucktes Englisch besser als gedrucktes Irisch, da das letztere häufig ihm unbekannte Dialektformen aufweist.

Als er vor einigen Tagen ein Volksmärchen aus dem Buch von Douglas Hyde: »Beside the Fire« vorlas, fiel ihm in der Übersetzung etwas auf. Er zögerte einen Augenblick und sagte dann: »Da ist ein Fehler im Englischen, er hat ›Goldstuhl‹ statt ›goldener Stuhl‹ gesagt.« Ich wies darauf hin, daß wir auch von Golduhren und Goldnadeln sprächen. »Und warum sollten wir auch nicht?« sagte er. »Aber goldener Stuhl wäre viel schöner.«

Es ist eigenartig, zu sehen, wie seine rudimentäre Bildung bei ihm Ansätze eines kritischen Geistes hervorgerufen hat, der sich sowohl mit der Sprachform wie mit eigenen Ideen beschäftigt.

Eines Tages spielte ich auf meinen Trick mit dem zusammengefügten Seil an. »Du kannst kein Seil wieder zusammenfügen, sag das doch nicht«, erklärte er. »Ich weiß nicht, auf welche Weise du uns anführst, aber du hast das Seil nicht zusammengefügt, ganz bestimmt nicht.«

Als er ein anderes Mal bei mir war, brannte das Feuer niedrig, und ich hielt eine Zeitung davor, um Zug hervorzurufen. Es half nicht sehr viel, und obgleich der Junge nichts sagte, sah ich, daß er mich für einen Narren hielt.

Am nächsten Tag kam er in großer Aufregung hereingelaufen. »Ich habe das mit dem Papier über dem Feuer versucht«, sagte er, »und es brannte großartig. Erst dachte ich, als ich dich es tun sah, daß daran nichts Rechtes wäre, aber ich habe ein Papier über das Feuer des Lehrers gehalten, und es ist aufgeflammt. Dann habe ich die Ecke des Papiers zurückgezogen, und meinen Kopf hineingesteckt und, glaub mir, da war ein großer kalter Wind, der den Kamin hinauswehte, der würde dir den Kopf abreißen.«

Wir bekamen beinahe Streit, weil er unbedingt wollte, daß ich von ihm eine Photographie in seinen Sonntagskleidern aus Galway machte, statt in seinem einheimischen groben Wollzeug, das ihm viel besser steht. Er kann es jedoch nicht leiden, da es ihn anscheinend zu sehr mit dem primitiven Leben der Insel in Verbindung bringt.

Seine große Begabung wird ihn weit bringen, falls er jemals in die Welt hinausgeht. Er denkt fortwährend über etwas nach. Eines Tages fragte er mich, ob man sich draußen im Land über ihre Namen sehr wundere. Ich sagte, daß es darüber doch nichts zu verwundern gäbe. »Nun«, sagte er, »man wundert sich sehr über deinen Namen auf der Insel, und ich dachte, vielleicht staunt man über unsere Namen draußen im Land.«

In gewissem Sinn hat er recht. Obgleich die Namen hier gar nichts Besonderes sind, werden sie auf eine Weise angewandt, die sich völlig vom modernen Gebrauch der Nachnamen unterscheidet. Wenn auf der Insel ein Kind zu laufen anfängt, reden die Nachbarn von ihm mit seinem Vornamen, dem der Vorname seines Vaters folgt. Falls das zur Kennzeichnung nicht ausreicht, wird der Nachname des Vaters hinzugefügt, gleichgültig, ob dies nun ein Spitzname oder wieder der Name seines Vaters ist. Wenn der Name des Vaters nicht brauchbar ist, wird manchmal der Vorname der Mutter als Nachname für die Kinder übernommen. Eine alte Frau in der Nähe des Hauses hier wird »Pheggeen« genannt, und ihre Söhne heißen »Patch Pheggeen«, »Seaghan Pheggeen« und so fort. Gelegentlich wird die irische Form des Nachnamens verwendet, aber ich habe sie, wenn sie unter sich Irisch sprechen, nie die Vorsilbe »Mac« gebrauchen hören. Möglicherweise ist die dadurch hervorgerufene Vorstellung zu modern für sie, vielleicht wird die Vorsilbe auch nur bei bestimmten Gelegenheiten verwendet, die mir entgangen sind.

Manchmal wird ein Mann nach seiner Haarfarbe benannt. So gibt es einen »Seaghan Ruadh« – roten John –, seine Kinder heißen dann »Mourteen Seaghan Ruadh« und so fort. Ein anderer Mann wird »an iasgaire« – der Fischer – genannt, und seine Kinder dann »Maire an iasgaire« – Maria, Tochter des Fischers –, und so weiter.

Der Lehrer erzählte mir, daß die Kinder, wenn er am Morgen die Namensliste durchgeht, alle zusammen nach jedem offiziellen Namen den ortsüblichen Namen flüstern und das Kind erst dann antwortet. Wenn er zum Beispiel »Patrick O'Flaharty« ruft, murmeln die Kinder »Patch Seaghan Dearg« oder einen ähnlichen Namen, und dann antwortet der Junge.

Die Leute, die auf die Insel kommen, werden vielfach genauso behandelt. Kürzlich war ein französischer Student der gälischen Sprache auf der Insel, und sie

nennen ihn »An Saggart Ruadh« – der rote Priester – oder »An Saggart Francach« – der französische Priester –, aber niemals beim eigentlichen Namen.
Wenn der Name eines Inselbewohners allein ausreicht, um ihn zu kennzeichnen, wird nur dieser verwendet. So kenne ich einen Mann, der »Eamonn« genannt wird. Es mag noch andere Edmunds auf der Insel geben, aber sie haben dann wahrscheinlich treffende Spitznamen oder eigene Nachnamen. In anderen Ländern, wo die Namensverhältnisse ähnlich sind, wie im modernen Griechenland, wird der Mann gewöhnlich mit seinem Beruf gekennzeichnet, hier aber, wo alle den gleichen Beruf haben, läßt sich diese Methode nicht anwenden.

Heute sah ich spät abends eine dreirudrige Curagh mit zwei alten Frauen und den Ruderern an der Mole durch starke Brandung hindurch landen. Sie kamen von Inisheer und ruderten schnell heran, bis sie auf einige Meter an die Brandung herangekommen waren, wo sie blitzschnell wendeten und mit dem Bug zum Meer hin warteten, während Welle nach Welle sie unterlief und sich auf den Überresten der Mole brach. Fünf Minuten, zehn Minuten gingen vorüber, und immer noch warteten sie, paddelten nur mit den Rudern im Wasser und hatten die Köpfe über die Schulter zurückgedreht. Ich dachte schon, sie müßten aufgeben und zur Leeseite der Insel rudern, als sich die Curagh plötzlich in ein lebendiges Wesen zu verwandeln schien. Der Bug war wieder auf die Mole gerichtet und sprang und wühlte sich durch die Gischt. Bevor sie auflief, wendete sich der Mann im Bug um, zwei weiße Beine schwangen wie ein aufblitzendes Schwert über das Heck, und bevor die nächste Welle heran war, hatte er die Curagh aus der Gefahr gezogen.

Dieses plötzliche und gemeinsame Handeln bei Männern ohne wirkliche Ausbildung zeigt gut, welcher Zucht sie das Meer und die Wellen unterwerfen. Als die Curagh in Sicherheit war, wurden die zwei alten Frauen auf den Rücken ihrer Söhne durch die Brandung und den glitschigen Tang heraufgetragen.

Bei diesem schlechten Wetter kann eine Curagh nicht ohne Gefahr ausfahren, trotzdem sind Unfälle selten und fast immer durch Trunkenheit hervorgerufen. Seit ich letztes Jahr hier war, sind vier Männer auf dem Weg von der großen Insel nach Hause ertrunken. Als erstes trieb eine Curagh, die zur Südinsel gehörte und mit zwei schwer betrunkenen Männern ausgelaufen war, am nächsten Abend hier an der Küste an, und zwar in völlig trockenem und unbeschädigtem Zustand mit halbgesetzten Segeln und niemandem darin. Dann schlug vor kurzer Zeit eine Curagh von dieser Insel hier auf dem Weg nach Hause um, mit drei betrunkenen Männern darin. Der Dampfer war in der Nähe und rettete zwei der Männer, konnte aber den dritten nicht mehr erreichen. Jetzt ist ein Mann in Donegal angespült worden. Er hatte ein Pampooty an und ein gestreiftes Hemd, eine Geldbörse und eine Tabakdose steckten in einer der Taschen. Seit drei Tagen haben die Leute versucht, seine Identität festzustellen. Die einen glauben, daß es der Mann von dieser Insel ist, die andern meinen, der Mann von der Südinsel entspreche genauer der Beschreibung.

Als wir heute abend von der Mole zurückkamen, trafen wir die Mutter des ertrunkenen Mannes. Sie weinte immer wieder und sah aufs Meer hinaus. Sie hielt die Leute an, die von der Südinsel herübergekommen waren, und fragte flüsternd vor Angst, was man dort drüben glaube.

Als ich später am Abend in einem der Häuser saß, kam die Schwester des Toten mit ihrem Kind durch den Regen herein, und es entstand ein langes Gespräch über alle die Gerüchte, die sich im Umlauf befanden. Stück für Stück versuchte sie sich an alles zu erinnern, was sie über seine Kleider noch wußte, was für eine Geldbörse er hatte, wo er sie trug, und das gleiche von seiner Tabakdose und seinen Strümpfen. Am Ende schien wenig Zweifel zu bestehen, daß es ihr Bruder war. »Ach, es ist Mike sicher genug«, sagte sie, »und bei Gott, mögen sie ihm ein schickliches Begräbnis geben.«

Dann begann sie langsam vor sich hin zu klagen. Sie hatte loses gelbes Haar, vom Regen am Kopf angeklebt, und wie sie nahe der Tür saß und ihr Kind stillte, war sie wie ein Urbild vom Leben der Frauen auf der Insel.

Eine Weile saßen die Menschen schweigsam da, und nichts war zu hören als das Saugen des Kindes, das Rauschen des Regens im Hof und das Atmen von vier Schweinen, die in einer Ecke schliefen. Dann begann einer der Männer über die neuen Boote zu reden, die man zur Südinsel geschickt hatte, und die Unterhaltung kehrte zu den üblichen Gesprächsthemen zurück.

Der Verlust eines Mannes scheint nur für die nächsten Verwandten ein bedeutender Unglücksfall zu sein. Da-

bei geschieht es häufig, daß bei einem solchen Unfall ein Vater mit seinen beiden ältesten Söhnen zugrunde geht, oder es sterben sogar alle arbeitenden Männer eines Hauses auf einmal.
Vor einigen Jahren fuhren drei Männer einer Familie, von der hölzerne Gefäße hergestellt wurden, die wie kleine Fässer aussehen und bei den Leuten immer noch in Gebrauch sind, zusammen zur großen Insel hinüber. Sie ertranken auf dem Heimweg, und die Kunst, diese kleinen Fässer herzustellen, starb mit ihnen aus, zumindest auf Inishmaan; auf der Nord- und der Südinsel gibt es sie noch.
Ein anderes Unglück, vom vorigen Winter, verlieh der Beachtung der Feiertage seltsamen Nachdruck. Anscheinend ist es bei den Männern üblich, am Abend eines Feiertags noch nicht zum Fischen auszufahren. Im vergangenen Dezember jedoch ruderten einige Männer, die früh am nächsten Morgen mit Fischen beginnen wollten, schon an einem solchen Abend hinaus, um in ihren Hukern zu schlafen. Gegen Morgen erhob sich ein furchtbarer Sturm, und einige Huker wurden mit ihrer Besatzung an Bord aus der Verankerung am Hafen gerissen und zerschellten. Die See ging so hoch, daß man keinen Rettungsversuch unternehmen konnte, und die Männer ertranken.
»Oh, ich glaube, es wird lange Zeit vergehen, bevor Männer wieder an einem Feiertag ausfahren«, sagte der Mann, der mir die Geschichte erzählte. »Dieser Sturm war der einzige Sturm im ganzen Winter, der den Hafen erreichte, und ich glaube, darin steckte irgend etwas.«

Als ich heute zum Landeplatz hinunterging, war dort ein Schweinehändler von Kilronan mit etwa zwanzig Schweinen, die zum englischen Markt gebracht werden sollten. Als der Dampfer hereinkam, wurde die ganze Herde auf die Mole heruntergetrieben, und man brachte die Curaghs nahe ans Meer. Dann wurde ein Tier nach dem anderen gepackt, auf die Seite geworfen, und die Füße wurden mit einem Knoten so zusammengebunden, daß ein Stück Seil übrigblieb, an dem man es tragen konnte. Wahrscheinlich war der Schmerz dabei nicht sehr groß, trotzdem machten die Tiere die Augen zu und schrien mit fast menschlichen Lauten, bis der Lärm so unerträglich wurde, daß die nur zusehenden Männer und Frauen in Aufregung gerieten, und die Schweine, die noch nicht an der Reihe gewesen waren, Schaum ums Maul hatten und sich ineinander verbissen.

Nach einer Weile hörte das auf. Die ganze Mole war von einer Masse heulender Tiere bedeckt, wo da und dort eine entsetzte Frau zwischen den Körpern kauerte und ihren besonderen Liebling streichelte, um ihn ruhig zu halten, während die Curaghs zu Wasser gelassen wurden.

Als die Schweine herausgeschleppt und an ihre Plätze gelegt wurden, begann das Geschrei von neuem. Man hatte ihnen eine Weste um die Füße gewickelt, um zu verhindern, daß sie das Segeltuch beschädigten. Sie schienen zu wissen, wohin sie fuhren, und sahen mich über den Dollbord hinweg mit einer Verzweiflung an, die mich schaudern ließ bei dem Gedanken, daß ich je von diesem wimmernden Fleisch gegessen hatte. Als die letzte Curagh hinausfuhr, fand ich mich auf der Mole in einer Menge von Frauen und Kindern und mit einem alten Eber, der dasaß und auf das Meer hinaussah.

Die Frauen waren in höchstem Maße erregt, und als ich versuchte, mit ihnen zu sprechen, umringten sie mich, verspotteten mich und schrien mich an, weil ich nicht verheiratet sei. Ein Dutzend von ihnen schrie zu gleicher Zeit auf mich ein, so daß ich nicht alles verstand, was sie sagten. Trotzdem merkte ich, daß sie die Abwesenheit ihrer Männer benutzen wollten, um mir ihre ganze Verachtung zu zeigen. Ein paar kleine Jungen, die zuhörten, warfen sich auf den Boden in den Tang und bogen sich vor Lachen, und die jungen Mädchen wurden rot vor Scham und starrten hinunter in die Brandung. Für einen Augenblick war ich verwirrt. Ich versuchte, mit ihnen zu sprechen, aber ich konnte mich nicht verständlich machen, deshalb setzte ich mich auf die Mole und zog meine Brieftasche mit den Photographien heraus. Im nächsten Moment scharte sich die ganze Gesellschaft um mich und benahm sich wieder wie gewohnt.

Als die Curaghs zurückkamen – eine von ihnen zog einen großen Küchentisch hinter sich her, der sich auf den Wellen aufstellte und sich dann auf eigenartige Weise überschlug –, hieß es, der »ceannuighe« – der Hausierer – komme an. Dieser breitete seine Waren auf der Mole aus, sobald er gelandet war, und verkaufte billige Messer und Schmuck an die Mädchen und jüngeren Frauen. Er sprach kein Irisch, und der Menge, die sich um ihn gesammelt hatte, machte das Handeln ungeheures Vergnügen.

Ich bemerkte mit Erstaunen, daß einige Frauen, die vorgegeben hatten, kein Englisch zu können, sich ohne

Schwierigkeiten verständlich machten, wenn sie wollten. »Die Ringe ist zu teuer bei Euch, mein Herr«, sagte ein Mädchen und gebrauchte dabei die gälische Konstruktion. »Laßt Euch erst einmal weniger Geld für sie verlangen, und alle die Mädchen werden kaufen.«
Nach den Schmucksachen zeigte er einige billige religiöse Bilder – abscheuliche Öldrucke –, aber ich sah nicht viele Käufer. Man sagte mir, daß die meisten der Hausierer, die hierherkommen, Deutsche oder Polen sind, aber ich hatte keine Gelegenheit, mit dem Mann allein zu sprechen.

Ich bin für einige Tage auf die Südinsel herübergekommen, und wie gewöhnlich war meine Überfahrt nicht besonders angenehm. Der Morgen war schön und schien einen dieser besonders ruhigen, klaren Tage anzukündigen, die es manchmal im frühen Winter vor dem Regen gibt. Vom ersten Schein der Dämmerung an war der Himmel voll weißer Wolken, und die Stille war so vollkommen, daß jeder Laut für sich über die Stille der Bay hin zu schweben schien. Fäden von blauem Rauch drehten sich über dem Dorf, und weiter entfernt lagen einzelne schwere Regenwolken über dem Horizont. Wir brachen früh am Tag auf, und obgleich das Meer aus der Entfernung ruhig ausgesehen hatte, stießen wir auf ziemlichen Wellengang von Südwesten her, als wir unter der Küste hervorkamen. Ungefähr in der Mitte des Sundes brach dem Mann, der im Bug ruderte, der Ruderpflock, und die Führung des Bootes wurde etwas schwierig. Wir hatten eine nur dreirudrige Curagh, und wäre die See etwas höher gegangen, wären wir in ziemliche Gefahr geraten. Wir kamen so langsam voran, daß Wolken und stärkerer Wind aufkamen, bevor wir die Küste erreichten, und auch der Regen begann in großen vereinzelten Tropfen zu fallen. Die schwarze Curagh, die sich langsam durch diese Welt von Grau arbeitete, und das weiche Zischen des Regens versetzten mich in eine der Stimmungen, in denen wir mit unermeßlichem Schmerz begreifen, wie kurz der Augenblick ist, der uns bleibt, um all die Wunder und die Schönheit der Welt zu erfahren.

An der Südinsel landet man an einer schönen sandigen Küste im Nordwesten. Diese Stelle zwischen den Felsen ist für die Bewohner von großem Vorteil, aber das Stück nassen Sandes mit ein paar häßlichen, kürzlich dort erbauten Fischerhütten sieht bei schlechtem Wetter besonders trostlos aus.

Als wir landeten, ging die Flut zurück, so daß wir die Curagh nur auflaufen ließen und zu dem kleinen Hotel hinaufgingen. In einem der Räume war der Steuereinnehmer an der Arbeit, und eine Anzahl von Männern und Jungen stand wartend herum und starrte uns an, während wir an der Tür mit dem Inhaber redeten. Nachdem wir etwas getrunken hatten, ging ich mit meinen Männern zum Meer hinunter, denen es eilte, wieder fortzukommen. Einige Zeit verging noch mit dem Einsetzen des Ruderpflockes, und dann brachen sie auf, obgleich der Wind noch an Stärke zunahm. Eine Menge von Fischern kam herunter, um bei der Abfahrt zuzusehen, und noch lange, nachdem die Curagh außer Sicht gekommen war, unterhielt ich mich mit ihnen auf Irisch, da ich gerne ihre Sprache und ihre Art mit dem vergleichen wollte, was ich von der anderen Insel her kannte.

Die Sprache scheint die gleiche zu sein, obgleich einige dieser Männer viel deutlicher sprechen als alle Irischsprechenden, die ich bis jetzt gehört habe. In der äußeren Erscheinung, in ihrer Kleidung und in der ganzen Art jedoch scheint ein wesentlicher Unterschied zu bestehen. Die Menschen auf dieser Insel sind fortschrittlicher als ihre Nachbarn, und die Familien hier bilden allmählich verschiedene Schichten, die aus den Wohlhabenden, den Arbeitenden und den ganz Armen und Verkommenen bestehen. Auf der Mittelinsel sind diese Unterschiede auch vorhanden, aber dort haben sie keinen Einfluß auf die Menschen, unter denen noch völlige Gleichheit besteht.

Etwas später kam der Dampfer in Sicht und legte draußen auf hoher See bei. Während die Curaghs ausgebracht wurden, bemerkte ich in der Menge ein paar Männer des derben komischen Typs, den man früher für den Typ des irischen Bauern hielt. Es regnete nun stark, und als wir durch den Nebel hinaussahen, da lag etwas fast Schreckliches in dem schreienden Gelächter, das einer dieser Männer, ein Mann von außergewöhnlicher Häßlichkeit und großem Witz, dauernd von sich gab. Schließlich ging er fort zu den Häusern hinauf, wischte sich die Augen mit dem Mantelzipfel und stöhnte vor sich hin: »Tá mé marbh – ich bin hin«, bis jemand ihn anhielt und er von neuem diese Mischung von ordinären Wortspielen und Witzen auszustoßen begann, die mehr meinten, als sie sagten.

Auch auf der Mittelinsel gibt es einen seltsamen Humor und manchmal sogar wilde Späße, niemals aber diese halb wollüstige Ekstase des Lachens. Vielleicht muß ein Mann das Gefühl tiefsten Elends haben, das man dort drüben nicht kennt, bevor er die Welt so verhöhnen und verlachen kann. Diese seltsamen Männer mit fliehender Stirn, hohen Backenknochen und zügellosen Augen erscheinen wie ein alter Menschenschlag, der nur hier auf diesen wenigen Metern Land an der äußersten Grenze Europas zu finden ist und der nur in wüsten Späßen und Gelächter seine Einsamkeit und sein Elend ausdrücken kann.

Auf dieser Insel werden Lieder eigenartig roh vorgetragen. Hinter dem östlichen Dorf traf ich heute auf einen sonderbaren Mann; wir wanderten über die Felsen hinaus auf das Meer zu, und währenddessen brach ein winterlicher Regenschauer los. Wir krochen unter den Farn bei einem abbröckelnden Wall, und nachdem wir die üblichen Gesprächsthemen durch hatten, fragte er mich, ob ich Lieder möge, und begann zu singen, um sein Können zu zeigen.

Die Melodie war dem sehr ähnlich, was ich schon vorher auf den Inseln gehört hatte – ein monotoner Gesang mit ausgehaltenen hohen und tiefen Noten, um den Rhythmus zu markieren. Der rauhe, nasale Ton jedoch, mit dem er sang, war fast unerträglich. Die Art seines Vortrags erinnerte mich an einen Gesang, den ich einmal von einer Gruppe von Orientalen gehört hatte, mit denen ich in einem Wagen dritter Klasse von Paris nach Dieppe gefahren war, doch hatte die Stimme dieses Inselbewohners einen viel größeren Tonumfang.

Seine Aussprache ging im Kratzen seiner Kehle unter, und obgleich er mir ins Ohr schrie, damit ich ihn über dem Heulen des Windes bestimmt verstünde, konnte ich nur so viel verstehen, daß es sich um eine endlose Ballade handelte, die vom Schicksal eines jungen Mannes erzählte, der zur See ging und viele Abenteuer erlebte. Bei der Beschreibung seines Lebens auf dem Schiff wurden die nautischen Ausdrücke fortwährend auf Englisch gebraucht, der Mann schien aber das Gefühl zu haben, daß sie nicht am Platze waren und unterbrach immer dann, wenn einer von ihnen vorkam, um mich mit dem Finger anzustoßen und »Kiel«, »Topsegel« und »Bugspriet« zu erklären, die für mich sowieso die verständlichsten Teile des Gedichtes waren. Als die Szene nach Dublin wechselte, kamen wieder Dinge wie »Glas Whisky« und »Gasthaus« auf Englisch vor.

Als der Schauer vorüber war, zeigte er mir eine seltsame, zwischen den Klippen verborgene Höhle, die nur wenig vom Meer entfernt lag. Auf dem Rückweg fragte er mich die drei Dinge, die ich überall gefragt werde: ob ich ein reicher Mann sei, ob ich verheiratet sei und ob ich jemals einen armseligeren Ort als diese Insel gesehen hätte. Als er hörte, ich sei nicht verheiratet, drängte er mich, im Sommer zurückzukommen, damit er mich in einer Curagh zu dem Kurort in der Grafschaft Clare hinübernehmen könne, wo es »spree mor agus go leor ladies – großen Spaß und viele Damen« gäbe.

Irgend etwas an dem Mann stieß mich ab, während ich mit ihm zusammen war, und obgleich ich herzlich und offen war, schien er zu spüren, daß ich ihn verabscheute. Wir verabredeten, uns am Abend wieder zu treffen, aber als ich mich mit großem Widerwillen

zum Treffpunkt geschleppt hatte, war von ihm keine Spur zu finden.
Es ist bezeichnend, daß dieser Mann, der wahrscheinlich ein Säufer und Schürzenjäger und ganz sicher arm ist, die Gelegenheit, einen Shilling zu verdienen, vorbeigehen ließ, weil er fühlte, daß ich ihn nicht mochte. Er hatte einen sonderbaren Ausdruck von Härte und Melancholie zugleich. Wahrscheinlich hat ihm seine Art auf der Insel einen schlechten Ruf eingebracht, und er lebt hier mit der Unruhe eines Menschen, für den seine Mitmenschen keine Sympathie haben.

Ich bin wieder nach Inishmaan gefahren, und diesmal hatte ich gutes Wetter für die Überfahrt. Die Luft war vom frühen Morgen an voll strahlender Sonne, und als ich am Mittag mit Michael und zwei anderen Männern, die mich mit einer Curagh abholen kamen, in See ging, war es fast wie ein Sommertag. Der Wind stand günstig für uns, deshalb wurde das Segel gehißt, und Michael saß im Heck und steuerte mit einem Ruder, während ich mit den anderen ruderte. Wir hatten gut gegessen und getrunken und waren durch diese plötzliche Wiederkehr des Sommers aufgedreht und in einem Zustand traumhafter, alles umfassender Hochstimmung. Sie ließ uns laut jubelnd herausschreien, um unsere Stimmen über das blaue Funkeln der See hinwegschallen zu hören.
Gerade nach den Menschen auf der Südinsel schienen die Männer von Inishmaan in eigenartig archaischer Wechselbeziehung mit der Welt zu stehen. Ihre Stimmung stand auf wunderbare Art mit den Stimmungen des Tages in Einklang, und ihr altertümliches Gälisch

war von so vollkommener Schlichtheit, daß ich am liebsten den Bug nach Westen gewendet hätte und für immer mit ihnen gefahren wäre.
Ich erzählte ihnen, daß ich in wenigen Tagen nach Paris zurückführe, meine Bücher und mein Bett verkaufen würde und daß ich dann zurückkäme, um so stark und einfach zu werden gerade wie sie.
Als sich unsere Erregung gelegt hatte, sagte mir Michael, einer der Priester habe sein Gewehr in unserem Haus zurückgelassen und es mir bis zu seiner Rückkehr auf die Insel zur Verfügung gestellt. Es gab noch ein zweites Gewehr und auch ein Frettchen im Haus, und er sagte, sobald wir heimgekommen seien, wolle er mit mir hinaus auf die Hasenjagd gehen. Etwas später am Tag brachen wir auf, und ich mußte lachen über Michaels Eifer, mich zu einem guten Schuß kommen zu lassen.
Wir setzten das Frettchen in einem Loch zwischen zwei nackten Felsplatten ab und warteten. Nach ein paar Minuten hörten wir unter uns scharrende Läufe, dann schoß aus dem Loch zu unseren Füßen ein Hase in die Luft und lief auf einen Wall zu, der ein paar Meter entfernt war. Ich warf das Gewehr hoch und schoß. »Buail tu é«, schrie Michael neben mir und lief den Felsen hinauf. Ich hatte getroffen.
Wir schossen innerhalb der nächsten Stunde noch sieben oder acht Stück, und Michael freute sich sehr. Hätte ich schlecht abgeschnitten, hätte ich wahrscheinlich die Insel verlassen müssen. Die Menschen hier hätten mich verachtet. Ein »duine uasal«, der nicht schießen kann, ist für diese Nachkommen von Jägern ein erledigter Mensch, schlimmer als ein Ketzer.

Die Frauen dieser Insel sind völlig unkonventionell und in mancher Hinsicht ähnlich unbefangen wie auch die Frauen von Paris und New York. Viele von ihnen sind zu genügsam und zu derb, um mehr als äußerliches Interesse auf sich zu ziehen, aber es gibt andere, die voller Eigenart und Persönlichkeit sind.
Diesmal habe ich ein entzückendes schalkhaftes Mädchen kennengelernt, das die letzten Tage in der Küche mit dem Spinnrad der alten Frau gesponnen hat. An dem Morgen, an dem sie damit begann, hörte ich schon beim Erwachen ihren wunderbaren Tonfall, der jede ihrer Silben zu einem Gurren und Locken werden ließ. Ich habe etwas Ähnliches schon in den Stimmen deutscher und polnischer Frauen gehört, ich glaube aber nicht, daß Männer – zumindest europäische Männer –, denen instinktive Gefühle nicht so nah sind wie Frauen, so melodisch miteinander reden.
Dies ist wohl überhaupt in Sprachen mit schwachen Kehllauten wie im Französischen oder im Englischen nicht möglich.
Wie Mädchen das gerne tun, macht sie fortwährend Späße mit ihrem Gälisch, gebraucht häufig Verkleinerungsformen, wiederholt Eigenschaftswörter und verdreht dabei auf lustige Weise den Satzbau. Solange sie da ist, hört die Unterhaltung in der Küche nicht auf. Heute hat sie mich viel über Deutschland gefragt, denn eine ihrer Schwestern hat anscheinend vor einigen Jahren in Amerika einen Deutschen geheiratet, der aufs beste für sie sorgt, mit einem schönen »capull glas« – einem grauen Pferd – zum Reiten, und das Mädchen hat beschlossen, auf gleiche Weise der Mühsal auf der Insel zu entfliehen.

Heute war mein letzter Abend auf dem Schemel am Kamin, und ich habe mich lange mit ein paar Nachbarn unterhalten, die hereinkamen, um mir alles Gute zu wünschen. Sie lagen auf dem Boden, stützten den Kopf auf niedrige Schemel und streckten die Füße zu der glühenden Torfasche aus. Die alte Frau saß auf der anderen Seite des Feuers, und das Mädchen, von dem ich gesprochen habe, stand am Spinnrad und sprach und scherzte mit allen. Sie sagt, ich solle, wenn ich fortgehe, eine reiche Frau mit viel Geld heiraten, und wenn sie mir dann stürbe, solle ich hierher zurückkommen und sie selbst zu meiner zweiten Frau nehmen.

Ich habe nie eine so einfache und so anziehende Sprache gehört wie die Sprache dieser Menschen. Heute abend unterhielten sie sich über ihre Frauen, und es zeigte sich, daß sie das größte Verdienst einer Frau darin sehen, daß sie fruchtbar ist und ihnen viele Kinder gebärt. Da Kinder auf der Insel kein Geld verdienen können, zeigt sich in dieser Einstellung der ungeheure Unterschied zwischen diesen Menschen und etwa den Menschen von Paris.

Der unmittelbare sexuelle Trieb ist auf der Insel nicht etwa schwächer ausgebildet, aber er ist dem Familiensinn so untergeordnet, daß es kaum zu Ausschweifungen kommt. Das Leben hier steht noch auf einer fast patriarchalischen Stufe, und die Menschen sind von romantischen Liebesvorstellungen beinahe so weit entfernt wie vom Triebleben der Primitiven.

Der Wind war heute morgen so stark, daß man bezweifelte, ob der Dampfer käme, und ich verbrachte den halben Tag damit, zusammen mit Michael herumzuwandern und den Horizont zu beobachten. Als wir den Dampfer schon abgeschrieben hatten, kam er schließlich weit im Norden in Sicht, wohin er ausgewichen war, um dort, wo die See am höchsten ging, vor dem Wind zu liegen. Ich holte mein Gepäck vom Haus ab und machte mich mit Michael und dem alten Mann auf den Weg und ging noch da und dort in ein Haus, um Abschied zu nehmen.

Trotz des Windes draußen war die See an der Mole so ruhig wie ein Teich. Während der Dampfer die Südinsel angelaufen hatte, standen die Männer herum und machten sich zum letzten Mal Gedanken darüber, ob ich endlich verheiratet sein würde, wenn ich das nächste Mal zu ihnen zurückkäme. Dann fuhren wir hinaus und fügten uns in die Reihe ein. Da die Flut stark fiel, stoppte der Dampfer in ziemlicher Entfernung von der Küste und ließ uns eine lange Wettfahrt nach den besten Plätzen längsseits machen. In dem Durcheinander kamen wir nicht allzugut weg, so daß ich über zwei im Wellengang schwankende und sich drehende Curaghs hinwegklettern mußte, um an Bord zu gelangen.

Es war eigenartig, die Curaghs voll mit den altbekannten Gesichtern ohne mich zur Mole zurückkehren zu sehen, aber bald wurde ich von dem Seegang im Sund abgelenkt. An Bord waren einige Männer, die ich auf der Südinsel gesehen hatte, und eine ganze Anzahl Leute von Kilronan auf ihrem Heimweg von Galway, die mir erzählten, daß sie am Morgen auf einem Teil der Überfahrt in schwere See gekommen waren.

Wie immer am Samstag hatte der Dampfer in Kilronan eine große Ladung Mehl und Porter zu löschen, und da es beinahe vier Uhr werden würde, bevor die Flut den Dampfer bis an den Pier ließ, begann ich an unserer Rückfahrt nach Galway zu zweifeln. Der Wind nahm im Laufe des Nachmittags zu, und als ich im Zwielicht herunterkam, sah ich, daß die Ladung noch immer nicht ganz ausgeladen war und der Kapitän Bedenken hatte, sich dem zunehmenden Sturm auszusetzen. Es verging einige Zeit, bevor er einen endgültigen Entschluß faßte, und wir gingen zwischen dem Dorf und dem Pier hin und her, schwere Wolken zogen über uns hinweg, und der Wind heulte in den Wällen. Schließlich telegraphierte er nach Galway, ob er am nächsten Tag benötigt würde, und wir gingen in ein Wirtshaus, um auf die Antwort zu warten.
Die Küche war voll von Männern, die dicht gedrängt auf langen Bänken zu beiden Seiten des Feuers saßen. Ein wild aussehendes, aber schönes Mädchen kniete am Herd und redete laut mit den Männern, und ein paar Bewohner von Inishmaan standen elend betrunken an der Tür herum. Am Ende der Küche war die Bar eingerichtet mit einer Art Nische daneben, wo ein paar ältere Männer Karten spielten. Oben waren die offenen Sparren gefüllt mit Torf- und Tabaksqualm. Dies ist also der Ort, der von den Frauen der anderen Insel so sehr gefürchtet wird, wo die Männer mit ihrem Geld herumsitzen, bis sie schließlich mit schwankenden Schritten herauskommen und im Sund zugrunde gehen. Wenn diese leeren Curaghs und die nackten, in der Flut treibenden Leiber nicht wären, läge etwas fast Absurdes in diesem primitiven Ort des

Zeitvertreibs, wo die Männer Abend für Abend sitzen und schlechten Whisky und Bier trinken und in endloser Wiederholung vom Fischfang, vom Kelp und von den Qualen des Fegefeuers reden.

Als wir unseren Whisky getrunken hatten, kam die Mitteilung, das Schiff könne bleiben. Mit einiger Schwierigkeit holte ich mein Gepäck vom Dampfer und trug es herauf durch die Menge von Frauen und Eseln, die sich am Pier noch immer in dem unbeschreiblichen Durcheinander von Mehlsäcken und Petroleumkisten abmühten. Als ich zum Gasthof kam, traf ich dort die alte Frau in allerbester Laune an, und ich verbrachte einige Zeit im Gespräch am Küchenfeuer. Dann suchte ich mir meinen Weg zurück zum Hafen, wo, wie man mir gesagt hatte, der alte Netzflicker, der mich bei meinem ersten Aufenthalt auf den Inseln aufgesucht hatte, die Nacht als Wächter verbrachte.

Am Pier war es völlig dunkel, und ein schrecklicher Sturm war im Gang. Niemand war in dem kleinen Raum, wo ich ihn anzutreffen gehofft hatte. Deshalb tastete ich mich auf eine Gestalt zu, die sich mit einer Laterne bewegte. Es war der alte Mann, und er erinnerte sich sofort an mich, als ich ihn anrief und ihm sagte, wer ich sei. Es dauerte noch einige Zeit, bis er die eine der Laternen in Ordnung gebracht hatte, und dann nahm er mich mit zurück in seinen Raum – nur ein Verschlag aus Brettern und Wellblech, der ursprünglich für einen Mann, der am Pier eine Arbeit übernommen hatte, errichtet worden war.

Als wir ins Licht kamen, sah ich, daß er sich den Kopf mit einem Sammelsurium von Shawls umwickelt hatte,

um ihn vor der Kälte zu schützen, und daß sein Gesicht viel älter geworden war, seit ich ihn das letzte Mal gesehen hatte. Immer noch aber war es voller Klugheit.
Er erzählte mir, wie er einen meiner Verwandten in Dublin aufgesucht hatte, als er die Insel als Schiffsjunge vor vierzig oder fünfzig Jahren das erste Mal verlassen hatte. Er erzählte die Geschichte mit den üblichen Einzelheiten.

Wir sahen einen Mann auf dem Kai in Dublin herumgehen und uns ansehen, ohne ein Wort zu sagen. Dann kam er herunter zum Boot.
»Seid ihr die Männer von Aran?« sagte er.
»Wir sind es«, sagten wir.
»Dann sollt ihr mit mir kommen«, sagte er.
»Warum?« sagten wir.
Dann sagte er uns, daß es ein Mr. Synge war, der ihn geschickt hatte, und wir gingen mit ihm. Mr. Synge brachte uns in seine Küche und gab den Männern ringsherum ein Glas Whisky, und ein halbes Glas mir, weil ich ein Junge war – obgleich ich damals und bis heute so viel wie zwei Männer trinken kann und nichts davon spüre. Wir waren einige Zeit in der Küche, dann sagte einer der Männer, wir sollten jetzt gehen. Ich sagte, es würde nicht recht sein zu gehen, ohne ein Wort zu Mr. Synge zu sagen. Dann ging das Dienstmädchen hinauf und brachte ihn herunter, und er gab uns noch ein Glas Whisky, und er gab mir ein Buch in Irisch, weil ich zur See ging und weil ich Irisch lesen konnte.
Ich verdanke es Mr. Synge und diesem Buch, daß ich so gutes Irisch oder vielleicht besser Irisch als irgend-

ein Mensch auf der Insel konnte, als ich hierher zurückkam und kein Wort Irisch dreißig Jahre lang gehört hatte.

Ich spürte während seiner ganzen Erzählung, daß das Gefühl von Überlegenheit über den gewöhnlichen Seemann, welches ihm die Kenntnis einer solchen wenig bekannten Sprache verlieh, seine ganze Persönlichkeit beeinflußt und das Hauptinteresse seines Lebens gebildet hatte.
Auf einer Reise hatte er einen Kameraden, der oft damit protzte, er sei auf der Schule gewesen und habe Griechisch gelernt. Dabei ereignete sich folgendes.

Eines Nachts hatten wir einen Streit, und ich fragte ihn, ob er ein griechisches Buch lesen könnte, nach all seinem Gerede darüber.
»Das kann ich«, sagte er.
»Das werden wir sehen«, sagte ich.
Dann holte ich das irische Buch aus meiner Kiste und ich gab es ihm in die Hand.
»Lies mir das vor«, sagte ich, »wenn du Griechisch kannst.«
Er nahm es, und er sah es sich einmal so und dann so an, er konnte damit gar nichts anfangen.
»Wahrhaftig, ich habe mein Griechisch vergessen«, sagte er.
»Was du sagst, ist eine Lüge«, sagte ich.
»Das ist es nicht«, sagte er, »beim Teufel, ich kann es lesen.« Dann nahm ich das Buch in meine Hand zurück und sagte zu ihm:
»Nicht das kleinste Wort Griechisch hast du jemals in

deinem Leben gewußt, denn da steht kein einziges Wort Griechisch in diesem Buch, und du hast nichts davon gemerkt.«

Er erzählte mir eine andere Geschichte, und zwar von dem einzigen Mal, als er auf seinen Fahrten Irisch sprechen gehört hatte.

Eines Nachts war ich in New York und ging durch die Straßen mit ein paar anderen Männern, und wir stießen auf zwei Frauen, die sich an der Tür eines Wirtshauses auf Irisch stritten.
»Was ist das für ein Kauderwelsch«, sagte einer der Männer.
»Es ist kein Kauderwelsch«, sagte ich.
»Was ist es?« sagte er.
»Es ist Irisch«, sagte ich.
Dann ging ich zu ihnen hin, und weißt du, Herr, es gibt keine bessere Sprache zum Beruhigen und Besänftigen wie das Irisch. In dem Augenblick, als ich sie ansprach, hörten sie auf zu kratzen und zu fluchen und standen so fromm da wie zwei Lämmer.
Dann fragten sie mich auf Irisch, ob ich nicht hineinkommen und etwas zu trinken haben wolle, und ich sagte, ich könnte meine Kameraden nicht allein lassen.
»Bring sie auch mit«, sagten sie.
Dann tranken wir alle zusammen einen Tropfen.

Während wir uns unterhielten, war leise ein anderer Mann hereingekommen und hatte sich mit seiner Pfeife in die Ecke gesetzt, und der Regen war so stark geworden, daß wir über dem Lärm auf dem Blechdach unsere eigenen Stimmen kaum mehr hören konnten.

Der alte Mann erzählte weiter von seinen Erlebnissen auf See und von den Orten, wo er gewesen war.

»Wenn ich mein Leben wieder von neuem zu leben hätte«, sagte er, »gäbe es keine andere Weise, wie ich es leben würde. Ich kam hin und wieder hinaus und sah alles. Ich hatte niemals Furcht, ein Glas zu heben, obgleich ich in meinem Leben niemals betrunken war, und ich war ein großer Kartenspieler, obgleich ich niemals um Geld gespielt habe.«

»Das ist überhaupt kein Vergnügen mit den Karten, wenn du nicht um Geld spielst«, sagte der Mann in der Ecke.

»Es hatte gar keinen Sinn gehabt, um Geld zu spielen«, sagte der Alte, »denn ich habe immer verloren, und was hat es für einen Zweck zu spielen, wenn du immer verlierst?«

Dann kamen wir auf die irische Sprache und auf die Bücher, die auf Irisch geschrieben worden sind.

Er kritisierte die Ausgabe von »Moore's Irish Melodies« von Erzbischof MacHale, und zwar mit großer Strenge und Schärfe, indem er ganze Gedichte sowohl auf Englisch wie auf Irisch vortrug und dann eigene Versionen zum besten gab.

»Eine Übersetzung ist keine Übersetzung«, sagte er, »wenn sie dir nicht die Musik eines Gedichtes zusammen mit den Worten gibt. In meiner Übersetzung wirst du nicht eine Wendung oder eine Silbe finden, die es im Englischen nicht gibt, trotzdem habe ich den Sinn aller Worte darin, und nichts anderes. Die Arbeit von Erzbischof MacHale ist eine höchst jämmerliche Sache.«

Bei den Versen, die er zitierte, schien sein Urteil völlig gerechtfertigt, und selbst wenn er unrecht hatte, war es interessant zu sehen, daß dieser arme Seemann und Nachtwächter bereit war, aufzustehen und einen hervorragenden hohen Geistlichen und Gelehrten in den heiklen Fragen des Versbaues und der feineren Unterschiede zwischen alten gälischen Worten zu kritisieren. Trotz seiner außergewöhnlichen Intelligenz und genauen Beobachtungsgabe war seine Begründung mittelalterlich.

Ich fragte ihn, was er über die Zukunft der Sprache auf diesen Inseln denke.

»Sie kann niemals aussterben«, sagte er, »weil es keine Familie hier gibt, die ohne ein Stückchen Feld für Kartoffeln leben kann, und die haben nur die irischen Wörter für alles das, was sie auf den Feldern tun. Sie segeln ihre neuen Boote – ihre Huker – auf Englisch, aber sie segeln eine Curagh öfter auf Irisch, und auf den Feldern haben sie nur das Irische. Es kann niemals aussterben, und wenn die Leute sehen, daß es tief herabsinkt, wird es wieder auferstehen wie der Phönix aus seiner eigenen Asche.«

»Und die ›Gaelic League‹?« fragte ich ihn.

»Die ›Gaelic League‹! Sie sind hergekommen mit ihren Organisatoren und ihren Sekretären, ihren Versammlungen und ihrem Redenhalten und haben eine Zweigstelle eröffnet, und wirklich eine Menge Irisch haben sie in fünfeinhalb Wochen unterrichtet.«*

* Es muß hier daran erinnert werden, daß dies bereits vor einigen Jahren geschrieben wurde. (Anm. d. Verf.)

»Was sollen wir hier mit ihrem Irisch-Unterricht?« sagte der Mann in der Ecke, »können wir nicht genug Irisch?«
»Ihr könnt es nicht«, sagte der alte Mann, »es gibt keinen Menschen auf Aran, der bis neunhundertundneunundneunzig zählen kann, ohne ein englisches Wort zu benutzen, außer mir.«
Es war spät geworden, und der Regen hatte für einen Augenblick nachgelassen. So tastete ich mich durch die undurchdringliche Dunkelheit einer späten Herbstnacht zurück zum Gasthaus.

IV

Nicht zwei Reisen auf diese Inseln sind sich gleich. Heute morgen fuhr ich mit dem Dampfer etwas nach fünf Uhr ab. Die Nachtluft war kalt, und die Sterne strahlten über der Bucht. Fischer von Claddagh waren die ganze Nacht nicht weit vom Hafen auf Fischfang gewesen und hatten, ohne an den Dampfer zu denken oder vielleicht ohne an ihn denken zu wollen, ihre Netze in seiner Fahrrinne ausgelegt. Kurz bevor wir ablegten, ließ der Maat, um sie zu warnen, andauernd die Dampfpfeife tönen und sagte währenddessen: »Wenn Sie jetzt draußen in der Bucht wären, meine Herren, würden Sie ein paar fromme Wünsche zu hören bekommen.«

Nachdem wir kurze Zeit gefahren waren, konnten wir das Licht der Torffeuer auf den Booten über dem Wasser flackern sehen, und undeutlich hörten wir erregte Stimmen. Dann tauchte der Umriß eines großen Fischerbootes mit drei Männern aus der Dunkelheit auf. Sie lagen in unserem Kurs. Der Kapitän wollte nicht seitwärts ausweichen, da es nahe der Fahrrinne Sandbänke gibt, deshalb wurden die Maschinen gestoppt, und wir glitten über die Netze, ohne sie zu beschädigen. Als wir nahe an dem Boot vorbeifuhren, war die Besatzung auf Deck genau zu erkennen. Einer von ihnen hielt den Eimer mit rotglühendem Torf, und ihre Schimpfworte waren deutlich zu hören. Sie wechselten fortwährend von ausführlichen gälischen Verwünschungen zu den einfacheren Flüchen, die sie auf Englisch kannten. Man konnte ihre wütenden Gesten und heftigen Gebärden gegen das Licht sehen, das langsam auf der gekräuselten Wasserfläche erschien. Bald danach hörten wir vor uns andere Stimmen, die in eigenartigem Gegensatz zu den verblassenden Sternen und der Stille der Dämmerung standen. Weiter draußen passierten wir viele Boote, die uns ohne ein Wort vorbeifahren ließen, da ihre Netze nicht in der Fahrrinne ausgebracht waren. Dann kam der Tag schnell herauf mit kalten Regenschauern, die sich in den ersten Strahlen der Sonne golden färbten und die Wellentäler mit eigenartig transparentem Licht füllten.

Ich habe dieses Jahr meine Geige mitgebracht, um, falls es nötig ist, etwas Neues zu haben, das Interesse der Menschen aufrechtzuerhalten. Ein paar Melodien habe ich für sie schon gespielt, aber soweit ich beurteilen kann, haben sie kein Gefühl für neuere Musik, obwohl sie aus Neugier aufmerksam zuhören. Irische Melodien wie »Eileen Aroon« gefallen ihnen schon besser, aber erst wenn ich einen raschen Tanz wie den »Black Rogue« – den »Schwarzen Schurken« – spiele, der auf der Insel bekannt ist, hat die Musik anscheinend die rechte Wirkung auf sie.
Gestern abend habe ich für eine größere Zahl Menschen gespielt, die aus einem anderen Grund aus allen Teilen der Insel zusammengekommen waren. Etwa um sechs Uhr ging ich in das Haus des Schulmeisters und hörte auf dem Wege dorthin, wie nahe den Häusern im Westen unterhalb der Straße ein wilder Zank zwischen einem Mann und einer Frau im Gange war. Während ich ihnen zuhörte, kamen einige Frauen dazu, die ebenfalls hinter der Mauer zuhören wollten und erzählten mir, daß die beiden, die sich stritten,

nah verwandt seien und miteinander lebten und oft über Nichtigkeiten in Streit gerieten, obwohl sie dann am nächsten Tag wieder so gute Freunde wie eh und je wären. Die Stimmen klangen so wütend, daß ich sicher glaubte, es werde Unheil daraus entstehen, aber die Frauen lachten über den bloßen Gedanken. Dann war Stille, und ich meinte, sie hätten wohl endlich aufgehört. »Aufgehört?« sagte eine der Frauen, »ganz bestimmt haben sie noch gar nicht richtig angefangen! Bis jetzt war es nur Spiel.«

Es war kurz nach Sonnenuntergang und der Abend war bitterkalt, deshalb trennte ich mich von ihnen und ging ins Haus. Eine Stunde später kam der alte Mann aus meinem Haus herunter, um mir zu sagen, ein paar von den Burschen und der »fear lionta« – der »Mann der Netze«, ein junger Mann von Aranmor, der den Jungen das Netzflicken beibringt –, seien oben im Haus und hätten ihn geschickt, um mir zu sagen, daß sie gerne tanzen würden, wenn ich heraufkäme und für sie spielen würde.

Ich ging sofort hinaus, und sobald ich ins Freie kam, hörte ich, daß die Auseinandersetzung im Westen noch immer im Gange war, und zwar wüster als zuvor. Die Nachricht davon hatte sich auf der Insel verbreitet, und kleine Trüppchen von Mädchen und Jungen kamen auf den Wegen zum Schauplatz des Streites herbeigelaufen, als ginge es zu einem Pferderennen. An der Tür unseres Hauses hielt ich für ein paar Minuten an, um auf die Flut von Verwünschungen zu hören, die sich über die stille Insel ergoß. Dann ging ich in die Küche und begann die Geige zu stimmen, da die Jungen ungeduldig auf meine Musik warteten. Zuerst versuchte ich im Stehen zu spielen, aber beim Aufstrich kam mein Bogen mit dem Salzfisch und den Ölhäuten in Berührung, die von den Dachsparren herabhingen, deshalb ließ ich mich schließlich auf einem Tisch in der Ecke nieder, wo ich aus dem Weg war. Einer von ihnen mußte mir die Noten halten, da ich keinen Notenständer hatte. Ich spielte zuerst eine französische Melodie, um mich an die Menschen und den Raum zu gewöhnen, der zwischen dem Lehmboden und dem Strohdach nur wenig Resonanz besaß. Dann stimmte ich den »Black Rogue« an, und im nächsten Augenblick sprang ein großer Mann von seinem Hocker unter dem Rauchfang auf und wirbelte mit ausnehmender Sicherheit und Anmut in der Küche herum.

Die leichten Pampooties scheinen das Tanzen auf dieser Insel leichter und flinker zu machen als alles, was ich sonst auf dem Festland gesehen habe, und in ihrer Naivität übertreiben die Männer ihre Schritte so, wie es an Orten unmöglich wäre, wo die Menschen sich ihrer selbst zu bewußt sind. Die Geschwindigkeit war jedoch so groß, daß ich Schwierigkeiten hatte mitzukommen, da meine Finger nicht in Übung waren. So konnte ich auch nur wenig Aufmerksamkeit auf die Vorgänge richten. Als ich zu Ende war, hörte ich Lärm an der Tür, und all die, die heruntergekommen waren, um den Streit zu beobachten, drängten jetzt in die Küche und stellten sich an den Wänden ringsherum auf. Wie das üblich ist, bildeten die Frauen und Mädchen eine geschlossene Gruppe und kauerten auf den Fersen nahe bei der Tür.

Ich stimmte einen anderen Tanz an, »Paddy get up«, und der »fear lionta« und die ersten Tänzer tanzten ihn zusammen in noch größerer Schnelligkeit und Anmut, angeregt durch die Anwesenheit der vielen Menschen, die hereingekommen waren. Dann hieß es, ein alter Mann, »Little Roger« genannt, sei draußen, und man sagte mir, er sei einst der beste Tänzer auf der Insel gewesen.

Lange wollte er nicht hereinkommen, er sei zu alt, um zu tanzen, aber schließlich ließ er sich überreden. Sie brachten ihn herein und gaben ihm einen Schemel mir gegenüber. Es verging noch einmal einige Zeit, bis er so weit war, und als er schließlich anfing, tanzte er nur für wenige Augenblicke, obgleich er mit Händeklatschen empfangen wurde. Er kenne die Tänze in meinem Buche nicht, sagte er, und wolle nicht zu einer Musik tanzen, die er nicht gewohnt war. Als die Leute ihn immer wieder drängten, sah er zu mir herüber. »John«, sagte er in zittrigem Englisch, »hast du ›Larry Grogan‹, denn das ist ein schönes Lied?« Leider kannte ich es aber nicht. So tanzten ein paar junge Männer wieder zum »Black Rogue«, und dann löste sich die Gesellschaft auf.

Das Gezanke im Hause unter uns war noch immer im Gang, und die Leute wollten unbedingt noch sehen, was daraus wurde. Etwa um zehn Uhr kam ein junger Mann herein und sagte uns, der Streit sei zu Ende. »Sie haben das vier Stunden lang getrieben«, sagte er, »und jetzt sind sie müde. Es ist wahrhaftig Zeit, daß sie es leid geworden sind, denn man würde noch eher einem Mann zuhören, der ein Schwein schlachtet, als dem Lärm, den sie gemacht haben.«

Nach all dem Tanzen und Treiben waren wir noch viel zu aufgeregt, um schon schlafen zu gehen. Wir saßen noch lange Zeit um die glühende Torfasche herum und redeten und rauchten beim Licht der Kerze. Von der gewöhnlichen Musik kamen wir auf die Musik der Elfen zu sprechen, und nachdem ich ihnen ein paar Geschichten erzählt hatte, erzählten sie mir die folgende:

Ein Mann, der am anderen Ende des Dorfes wohnt, nahm sein Gewehr eines Tages und ging hinaus, um nach Hasen zu suchen in einem Gebüsch nahe dem kleinen Dun. Er sah einen Hasen sich unter einem Baum aufsetzen, und er hob das Gewehr, um auf ihn zu zielen, aber gerade in dem Augenblick, als er auf den Hasen gezielt hatte, hörte er über dem Kopf eine Musik, und er sah hinauf in den Himmel. Als er wieder zurück auf den Hasen sah, war nicht ein bißchen mehr von ihm zu sehen.
Dann ging er weiter, und er hörte wieder die Musik. Dann sah er über einen Wall hinüber, und er sah einen Hasen nahe der Mauer aufsitzen mit einer Art Flöte im Mund, und der spielte darauf mit seinen zwei Fingern!

»Was für ein Hase war das?« sagte die alte Frau, als die Geschichte zu Ende war. »Wie konnte das ein richtiger Hase sein? Ich erinnere mich, wie der alte Pat Dirane uns immer erzählte, daß er einmal draußen auf den Klippen war, und er sah einen großen Hasen in einem Loch unter einer Steinplatte verschwinden. Er rief einen Mann, der mit ihm war, und sie machten einen Haken an das Ende eines Stockes und stießen ihn in das Loch hinunter. Da rief eine Stimme zu ihnen hinauf: »Oh, Phaddrick, tu mir nicht weh mit dem Haken!«

»Pat war ein großer Schelm«, sagte der alte Mann. »Vielleicht erinnert ihr euch an die Stücke von Horn, die er wie Griffe an den Enden seiner Stöcke hatte? Nun, da war eines Tages ein Priester, und er sagte zu Pat: ›Sind das die Hörner des Teufels, die du an deinen Stöcken hast, Pat?‹ ›Ich weiß es nicht recht‹, sagte Pat, ›aber wenn es die sind, dann war es Milch des Teufels, die du getrunken hast, seit du trinken kannst, und das Fleisch vom Teufel, das du gegessen hast, und es war Teufelsbutter, die du dir auf dein Brot getan hast, denn ich habe Hörner wie diese an jeder alten Kuh im ganzen Land gesehen.‹«

Das Wetter ist stürmisch gewesen, aber heute am frühen Nachmittag war die See ruhig genug, daß ein Huker mit Torf von Connemara anlaufen konnte. Der Wellengang war noch immer so stark, daß die Männer die Wellen genau beobachten und das Tau immer dann lockern mußten, wenn eine große Welle herankam, damit das Schiff die Bewegung auffangen konnte. Es waren nur zwei Mann an Bord, und als das Schiff leer war, hatten sie ziemliche Mühe, das Tau einzuholen, Segel zu setzen und aus dem Hafen zu kommen, bevor sie auf die Felsen getrieben wurden. Kurz darauf kam ein schwerer Regenschauer, und ich legte mich unter einen Stapel Torf zusammen mit ein paar Leuten, die herumstanden und auf einen anderen Huker warteten, der mit Pferden hereinkommen sollte. Sie lachten und redeten über den Streit am letzten Abend und über den Lärm, der dabei entstanden war.

»Den schlimmsten Streit gibt es hier um nichts«, sagte

ein alter Mann neben mir. »Hat dir Mourteen oder jemand auf der großen Insel je von dem Streit erzählt, den sie hier hatten vor sechzig Jahren, als sie sich mit Messern getötet haben draußen am Strand?«

»Sie haben mir nie davon erzählt«, sagte ich.

»Nun«, sagte er, »sie wollten hinuntergehen, um Gras zu schneiden, und ein Mann schliff sein Messer an einem Stein, bevor er ging. Ein kleiner Junge kam in die Küche, und er sagte zu dem Mann: ›Wofür schleifst du das Messer da?‹ – ›Um deinen Vater damit umzubringen‹, sagte der Mann, und sie waren immer die besten Freunde.

Der Junge ging zurück zu seinem Haus und sagte seinem Vater, da sei ein Mann, der schärfe sein Messer, um ihn zu töten. ›Wenn er ein Messer hat‹, sagte der Vater, ›wahrhaftig, dann werde ich auch eines haben.‹ Dann schärfte er sein Messer, und sie gingen hinunter zum Strand.

Dann fuchtelten die beiden Männer aus Spaß mit ihren Messern, und dann wurden ihre Stimmen immer lauter, und es dauerte nicht lange, da waren zehn Männer im Kampf mit ihren Messern, und sie hörten nicht mehr auf, bevor fünf von ihnen tot waren. Sie begruben sie am Tage danach, und als sie nach Hause kamen, was sahen sie da: der Junge, der die Sache angefangen hatte, spielte mit dem Sohn des anderen Mannes, und die beiden Väter unten in ihren Gräbern.«

Als er zu Ende war, kam ein Windstoß und wehte ein Bündel Seegras, das in unserer Nähe lag, in die Höhe und über unsere Köpfe hinweg. Dann erzählte ein anderer alter Mann:

»Das war ein starker Wind«, sagte er. »Ich erinnere mich, daß einmal ein Mann auf der Südinsel eine Menge Wolle im Schutz einer Mauer aufgestapelt hatte. Er war dabei, sie zu waschen und zu trocknen und zu wenden, und er hatte sie ganz schön und sauber, um sie dann krempeln zu können. Dann kam ein Wind herunter, und die Wolle wurde nach und nach über die ganze Mauer geblasen. Der Mann warf seine Arme darüber und versuchte, sie festzuhalten, und ein anderer Mann sah ihn dabei. ›Der Teufel flicke dir deinen Kopf!‹ sagte der, ›dieser Wind ist zu stark für dich.‹ ›Und wenn der Teufel selbst drinnen ist‹, sagte der andere Mann, ›dann will ich es festhalten, solange ich kann.‹ Ob es nun wegen dieser Worte war oder nicht, weiß ich nicht, aber die ganze Wolle flog ihm über den Kopf und wehte über die ganze Insel, und trotzdem, als seine Frau sich danach ans Spinnen machte, war die gesamte Wolle da, als ob ihnen die große Menge gar nicht verlorengegangen wäre.«

»Da steckte mehr dahinter als darinnen war«, sagte ein anderer Mann, »denn die Nacht zuvor hatte eine Frau ein gewaltiges Gesicht drüben im Westen dieser Insel und sah alle die Menschen, die schon für eine ganze Zeit tot waren von dieser Insel und der Südinsel, und sie alle redeten miteinander. Da war ein Mann in dieser Nacht drüben von der anderen Insel, und er hörte die Frau davon sprechen, was sie gesehen hatte. Am nächsten Tag ging er zurück zur Südinsel, und ich glaube, er war allein in der Curagh. Sobald er nahe an die andere Insel kam, sah er einen Mann von den Klippen aus fischen, und dieser Mann rief ihm zu: ›Mach schnell jetzt und geh hinauf und sage deiner Mutter, sie soll den Whisky verstecken‹ – seine Mutter verkaufte immer Whisky –, ›denn ich sehe den größten Haufen Polizisten und Milizsoldaten an den Felsen vorbeikommen, die je auf der Insel gesehen worden sind.‹ Es war zu gleicher Zeit, als die Wolle bei dem anderen Mann, dort unter dem Hügel, weggeweht wurde, und überhaupt keine Polizisten waren auf der Insel weit und breit.«

Kurz danach gingen die alten Männer fort. Ich blieb noch bei ein paar jungen Männern zwischen zwanzig und dreißig Jahren, die mit mir über ganz andere Dinge redeten. Einer von ihnen fragte mich, ob ich jemals betrunken gewesen sei, und ein anderer sagte mir, ich würde gut daran tun, ein Mädchen von dieser Insel zu heiraten, denn es gäbe hier schöne Frauen, gute fruchtbare Mädchen, die stark seien, eine Menge Kinder haben und mir mein Geld nicht verschwenden würden.

Als die Pferde an Land kamen, fuhr eine Curagh schnell herein, die weit draußen nach den Hummerkörben gesehen hatte, und ein Mann stieg aus und lief die Dünen hinauf einem kleinen Mädchen entgegen, das mit einem Bündel Sonntagskleider herunterkam. Er zog sich auf dem Sand um, ging dann zu dem Huker und fuhr mit ihm nach Connemara ab, um seine Pferde zurückzuholen.

Eine junge Frau, mit der ich mich oft unterhalten habe, liegt mit Fieber – Typhus, wie man sagt – im Sterben, und ihr Mann und ihre Brüder sind in einer Curagh weggefahren, um den Arzt und den Priester von der Nordinsel zu holen, obgleich die See stürmisch ist.

Ich beobachtete sie nach der Abfahrt lange Zeit vom Dun aus. Wind und Regen trieben über den Sund, und nirgendwo gab es Boote oder Menschen, außer dieser einen schwarzen Curagh, die sich durch die aufspritzenden Wellen kämpfte. Als der Wind etwas nachließ, konnte ich im Osten unter mir Leute hämmern hören. Die Leiche eines jungen Mannes, der vor einigen Wochen ertrunken war, wurde heute morgen angespült, und seine Freunde waren den ganzen Tag damit beschäftigt, im Hof des Hauses, wo er gelebt hatte, einen Sarg zu machen.

Nach einer Weile geriet die Curagh im Nebel außer Sicht, und ich kam zitternd vor Kälte ins Haus hinunter. Die alte Frau saß wehklagend am Feuer.

»Ich bin beim Haus gewesen, wo der junge Mann ist«, sagte sie, »aber ich konnte nicht zur Tür gehen bei dem Gestank, der dort herauskam. Sie sagen, sein Kopf ist nicht mehr an ihm, und wahrhaftig, das ist kein Wunder, bei drei Wochen im Meer. Ist nicht große Gefahr und Leid über jedem auf dieser Insel?«

Ich fragte sie, ob die Curagh nicht bald mit dem Priester zurückkäme.

»Sie wird so bald nicht kommen, und heute abend überhaupt nicht«, sagte sie. »Der Wind ist jetzt stärker geworden, und da wird keine Curagh zu dieser Insel kommen für vielleicht zwei Tage oder drei. Und war es nicht grausam zu sehen, welche Eile auf ihnen war, und dabei sind sie die ganze Zeit in Gefahr, selbst unterzugehen?«

Dann fragte ich sie, wie es der Frau ginge. »Sie ist schon fast verloren«, sagte die alte Frau. »Sie wird morgen sicher nicht mehr am Leben sein. Sie haben keine Bretter, um ihr einen Sarg zu machen, und sie wollen die Bretter ausleihen, die ein Mann in der Nähe diese zwei Jahre aufgehoben hat, um seine Mutter zu begraben, und sie ist noch immer am Leben. Ich hörte sie sagen, zwei Frauen lägen mit dem Fieber und ein Kind, das noch nicht drei Jahre alt ist. Gott erbarme sich unser aller!«

Ich ging wieder hinaus, um auf das Meer zu sehen, aber es war Nacht geworden, und der Sturm heulte über den Dun. Ich ging den Weg hinunter und hörte im Hause, wo der junge Mann war, die Totenklage. An der Tür des Hauses, das zuletzt vom Typhus befallen worden war, bemerkte ich Unruhe. Ich wendete mich wieder gegen den peitschenden Regen und saß dann mit dem alten Mann und der alten Frau am Fenster und sprach mit ihnen bis tief in die Nacht hinein über das Leid der Menschen.

Heute abend erzählte mir der alte Mann eine Geschichte, die er vor langer Zeit auf dem Festland gehört hat.

Da war einmal eine junge Frau und sie hatte ein Kind. Nach kurzer Zeit starb die Frau, und sie begruben sie am Tag darauf. An dem Abend saß eine andere Frau – eine Frau der Familie – beim Feuer mit dem Kind auf ihrem Schoß und gab ihm Milch aus einer Tasse. Da öffnete die Frau, die sie begraben hatten, die Tür und kam ins Haus herein. Sie ging hinüber zum Feuer und nahm einen Schemel und setzte sich gegenüber der anderen Frau nieder. Dann streckte sie die Hand aus und nahm das Kind auf ihren Schoß und gab ihm die Brust. Danach tat sie das Kind in die Wiege und ging hinüber zum Schrank und nahm Milch und Kartoffeln heraus und aß. Dann ging sie hinaus. Die andere Frau hatte Furcht, und sie erzählte es dem Mann des Hauses, als er zurückkam, und zwei jungen Männern. Sie sagten, sie würden da sein am nächsten Abend, und wenn sie zurückkäme, würden sie sie festhalten. Sie kam am nächsten Abend und gab dem Kind die Brust, und als sie aufstand, um zum Schrank hinüberzugehen, hielt sie der Mann des Hauses fest, aber er fiel auf den Boden nieder. Dann ergriffen die zwei jungen Männer sie und hielten sie fest. Sie sagte ihnen, sie sei fortgenommen von den Elfen, und sie könnten sie an diesem Abend nicht halten, obschon sie nichts mit den Elfen aß, damit sie zu ihrem Kind zurückkommen könne. Dann sagte sie ihnen, sie würden alle diesen Teil des Landes im Herbst, am Tag des Oidhche Shamhna, verlassen, und da würden vier- oder fünfhundert von ihnen auf Pferden reiten, und sie selbst säße auf einem grauen Pferd und ritte hinter einem jungen Mann. Und sie sagte ihnen, sie sollten zu einer Brücke hinuntergehen in dieser Nacht und am Anfang der Brücke warten, und wenn sie herankomme, würde sie das Pferd zügeln, und so könnten sie etwas über sie und den jungen Mann werfen, und sie würden hintüber auf den Boden fallen und gerettet sein. Danach ging sie fort, und am Oidhche Shamhna gingen die Männer hinunter und holten sie zurück. Sie hatte dann noch vier Kinder und am Ende starb sie.

Es war gar nicht sie selbst, die sie das erste Mal be-

graben hatten, sondern irgendein altes Ding, das die Elfen an ihrer Stelle hineingetan hatten.

»Es gibt Menschen, die sagen, sie glauben nicht an solche Dinge«, sagte die alte Frau, »aber es gibt seltsame Dinge, ganz gleich, was sie sagen. Da ging vor einiger Zeit eine Frau einmal zu Bett im unteren Dorf und ihr Kind mit ihr. Eine Weile schliefen sie nicht ein, und dann kam etwas ans Fenster, und sie hörten eine Stimme, und die sagte dieses: ›Es ist Zeit, von jetzt an zu schlafen.‹ Am Morgen war das Kind tot, und es sind wahrhaftig auf der Insel viele, die ihren Tod auf solche Weise finden.«

Der junge Mann ist nun begraben worden, und sein Begräbnis war eine der seltsamsten Szenen, die ich je erlebt habe. Vom frühen Morgen an sah man Menschen zu dem Haus gehen. Als ich jedoch am Nachmittag mit dem alten Mann hinkam, stand der Sarg noch immer vor der Tür, und die Männer und Frauen der Familie standen darum herum, schlugen darauf und wehklagten über ihn mitten in einer großen Menge von Menschen. Etwas später knieten alle nieder, und ein letztes Gebet wurde gesprochen. Dann nahmen die Vettern des Toten zwei Ruder und ein paar Seilenden – die Männer seiner eigenen Familie schienen vom Schmerz zu gebrochen zu sein, um etwas tun zu können –, der Sarg wurde festgebunden, und der Leichenzug begann. Die alte Frau ging dicht hinter dem Sarg, und ich bekam einen Platz unter den ersten Männern unmittelbar dahinter. Der unebene Weg zum Friedhof führt nach Osten, und die Frauen gingen in ihren roten Kleidern vor mir her, eingehüllt in rote Röcke, die sie sich mit dem kaum erkennbaren Gürtelband um die Köpfe gebunden hatten. Ihr Anblick beeindruckte mich sehr, und der weiße Sarg und die Einheit der Farben fügten sich zu fast klösterlicher Stille zusammen.

Der Friedhof war voll von dürrem Gras und Farn, statt der jungen Farnkräuter bei dem anderen Begräbnis, von dem ich schon gesprochen habe. Der Schmerz der Menschen war diesmal ganz anders, da sie gekommen waren, um einen jungen Mann zu begraben, der in seinen frühen Mannesjahren gestorben war, und nicht eine alte Frau von achtzig Jahren. Deshalb verlor die Totenklage teilweise alles Formelhafte, und bei den jungen Männern und Frauen der Familie dieses Mannes wurde sie zum Ausdruck tiefsten persönlichen Schmerzes.

Nachdem der Sarg nahe dem Grab, das noch geöffnet werden mußte, niedergesetzt worden war, wurden zwei lange Zweige von den Brombeersträuchern zwischen den Felsen geschnitten, und Länge und Breite des Sarges wurden damit angezeichnet. Dann machten sich die Männer an die Arbeit. Sie räumten die Steine und die dünne Schicht der Erde zur Seite und brachen dabei einen alten Sarg auf, der an der Stelle lag, wo der neue versenkt werden sollte. Nachdem einige schwarz gewordene Bretter und Knochen mit dem Lehm hochgeworfen worden waren, wurde ein Schädel herausgehoben und auf einen Grabstein gelegt. Sofort hob ihn die alte Frau, die Mutter des Toten, mit den Händen auf und nahm ihn an sich. Dann setzte sie sich nieder, legte ihn auf den Schoß –

es war der Schädel ihrer eigenen Mutter – und brach über ihm in wilde Schreie und Wehklagen aus. Als neben dem Grab der Haufen des modernden Lehms höher wurde, stieg von dort ein betäubender Gestank auf, und die Männer beeilten sich mit der Arbeit und maßen das Loch immer wieder mit den beiden Brombeerzweigen aus. Als es fast tief genug war, stand die alte Frau auf und ging zum Sarg zurück. Sie schlug darauf und hielt dabei den Schädel in der linken Hand. Dieser letzte Augenblick des Schmerzes war der schrecklichste von allen. Erschöpft von ihrer leidenschaftlichen Trauer, lagen die jungen Frauen zwischen den Steinen, erhoben sich aber immer wieder und schlugen mit großartigen Gesten auf die Bretter des Sarges. Die jungen Männer waren ebenso erschöpft, und immer wieder brachen ihre Stimmen in den Schreien der Totenklage.

Nachdem alles fertig war, wurde das Tuch vom Sarg losgemacht und dieser hinuntergesenkt. Dann nahm ein alter Mann ein hölzernes Gefäß mit Weihwasser und ein Büschel Farn, und die Menschen drängten sich um ihn, während er das Wasser über sie sprengte. Sie wollten anscheinend so viel als möglich davon abbekommen, und mehrere Frauen riefen scherzend: »Tabhair dham braon eile, a Mhourteen – Gib mir noch einen Tropfen, Martin.«

Als das Grab halb aufgefüllt war, ging ich fort. Ich wanderte nach Norden hinaus und sah zwei Robben zu, die sich nahe der Brandung jagten. Ich kam zum Sandy Head, als das Licht blasser wurde, und traf dort einige mir gut bekannte Männer mit einer Art Schleppnetz beim Fischen. Dies ist eine mühselige Ar-

beit, und ich saß lange Zeit auf dem Sand und sah zu, wie das Netz von acht Männern, die in langsamer rhythmischer Bewegung zusammen arbeiteten, ausgebracht und dann wieder eingezogen wurde.
Als sie sich mit mir unterhielten und mir etwas von ihrem Whisky und ihrem Brot gaben, da sie meinten, ich sei hungrig, konnte ich das Gefühl nicht loswerden, daß ich mit Menschen sprach, über die ein Todesurteil verhängt ist. Ich wußte, jeder einzelne von ihnen würde in ein paar Jahren im Meer ertrinken und nackt auf die Klippen geworfen werden, oder würde im eigenen Haus sterben, um dann in einer solch schrecklichen Szene auf dem Friedhof, wie ich sie gerade erlebt hatte, begraben zu werden.

Als ich heute früh aufstand, waren alle in die Messe gegangen und hatten die Küchentür von außen zugeschlossen, so daß ich sie nicht öffnen konnte, um es hell zu haben. Ich saß fast eine Stunde lang am Feuer, und es war ein eigenartiges Gefühl, ganz allein in diesem kleinen Haus zu sein. Ich bin so daran gewöhnt, hier mit den Menschen zusammenzusitzen, daß ich niemals vorher diesen Raum als Ort empfunden habe, an dem ein Mensch ganz für sich leben und arbeiten muß. Nachdem ich da lange gesessen und gewartet hatte, mit gerade so viel Licht vom Kamin, um die Dachsparren und das Grau der Wände zu erkennen, wurde ich unsäglich traurig, denn ich fühlte, daß dieser kleine Fleck am Ende der Welt zusammen mit den Menschen, die darauf leben, einen Frieden und eine Würde besitzt, wovon wir immer ausgeschlossen sind.

Während ich vor mich hin träumte, kam die alte Frau in großer Eile herein und machte Tee für mich und den jungen Priester, der ihr etwas später durchnäßt von Regen und Gischt folgte.
Der Kurat, der die Mittel- und Südinsel betreut, hat eine mühevolle und gefährliche Aufgabe. Er kommt Samstagsabend entweder auf diese Insel oder nach Inishere – wenn das Meer ruhig genug ist – und hält als erstes am Sonntagmorgen die Messe ab. Dann geht er, noch ohne etwas zu sich genommen zu haben, hinunter, wird zur anderen Insel hinübergerudert und hält dort wieder die Messe, so daß er erst um die Mittagszeit zu einem hastigen Frühstück kommt, bevor er wieder nach Aranmor aufbricht, wobei er oft auf beiden Fahrten rauhe und gefährliche See hat.
Vor ein paar Sonntagen lag ich draußen am Haus in der Sonne und rauchte meine Pfeife, als der Kurat, ein besonders freundlicher und humorvoller Mann, naß und erschöpft herankam, um seine erste Mahlzeit zu sich zu nehmen. Er sah mich einen Augenblick an und schüttelte dann seinen Kopf.
»Sagen Sie mir, haben Sie heute morgen Ihre Bibel gelesen?« Ich erwiderte, das hätte ich nicht getan. »Wahrhaftig, Mr. Synge«, sagte er darauf, »falls Sie jemals in den Himmel kommen, werden Sie uns gewaltig auslachen.«

Obgleich die Menschen hier zueinander und zu den Kindern freundlich sind, haben sie kein Gefühl für die Leiden der Tiere und wenig Mitgefühl für Schmerzen, wenn der Mensch, der darunter leidet, nicht in Gefahr ist. Einmal habe ich ein Mädchen gesehen, das sich vor Zahnschmerzen wand und heulte, während ihre Mutter auf der anderen Seite des Feuers saß, auf sie zeigte, sie auslachte und wirklich Spaß an ihrem Anblick zu haben schien.

Als wir vor ein paar Tagen vom Tod des Präsidenten McKinley sprachen, erzählte ich, wie die Amerikaner Mörder hinrichten, und ein Mann fragte, wie lange Zeit der Mann sterben würde, der den Präsidenten getötet hatte.

»Solange du brauchst, um mit deinen Fingern zu schnippen«, sagte ich.

»Nun, sie können ihn genausogut aufhängen«, sagte der Mann, »und sich nicht erst die Mühe mit all den Drähten machen. Ein Mann, der einen König oder einen Präsidenten töten will, weiß, er muß dafür sterben, und er bekommt nur das, was er eingesetzt hat, wenn er leicht stirbt. Es wäre richtig, wenn er drei Wochen lang sterben würde, und dann würden viel weniger solche Dinge in der Welt getan.«

Wenn zwei Hunde an der Mole kämpfen, während wir auf den Dampfer warten, sind die Männer hingerissen und tun alles, damit die Wut des Kampfes nicht nachläßt. Um das Streunen zu verhindern, binden sie den Eseln Kopf und Hufe zusammen, so daß diese schreckliche Schmerzen haben müssen, und manchmal stoße ich in einem Haus darauf, daß alle anwesenden Frauen auf den Knien liegen und den lebenden Enten und Gänsen Federn ausrupfen. Haben die Menschen selber Schmerzen, so machen sie nicht den geringsten Versuch, ihre Gefühle zu verbergen oder zu kontrollieren. Ein alter Mann, der im Winter krank gewesen war, nahm mich neulich mit hinaus, um mir zu zeigen, wie weit die Straße hinab man ihn schreien gehört hatte, »zu der Zeit, als er einen Schmerz in seinem Kopf hatte«.

Heute morgen war starker Sturm, und ich ging auf die Klippen hinauf, um in dem Verschlag zu sitzen, der dort für die Männer, die nach Treibgut ausschauen, errichtet ist. Bald darauf kam von Westen ein Junge herauf, der draußen die Schafe hütete, und wir unterhielten uns lange.

Er gab mir zunächst den ersten zusammenhängenden Bericht von dem Unglücksfall, der sich vor einiger Zeit ereignet hatte und bei dem der junge Mann auf dem Weg zur Südinsel ertrunken war: "Ein paar Männer von der Südinsel kamen herüber und kauften Pferde auf dieser Insel, und sie luden sie in einen Huker, um sie hinüberzunehmen. Sie wollten, daß eine Curagh mit ihnen führe, um die Pferde am Seil auf den Strand zu ziehen, und ein junger Mann sagte, er würde fahren, und sie könnten ihm ein Tau geben und ihn hinter dem Huker herschleppen. Als sie draußen im Sund waren, kam ein Wind auf, und der Mann konnte die Curagh nicht wenden, um den Wellen zu begegnen, weil der Huker sie zog, und sie lief voll Wasser. Als die Männer im Huker das sahen, fingen sie an, dies und dann jenes herauszuschreien, ohne zu wissen, was zu tun. Ein Mann schrie dem Mann zu, der das Seil hielt: ›Laß das Tau los jetzt, oder du wirst sie versenken.‹ Und der Mann mit dem Tau warf es hinaus ins Wasser, und die Curagh war schon halbvoll, und ich glaube, nur ein Ruder war darin. Eine Welle schlug dann hinein, und sie ging unter vor ihren

Augen, und der junge Mann schwamm herum. Im Huker ließen sie dann die Segel fallen, um ihn aufzufischen. Und als sie die Segel herunter hatten, waren sie zu weit weg, und sie zogen die Segel wieder auf, damit sie zu ihm zurückkommen konnten. Er war da im Wasser und schwamm und schwamm, und bevor sie wieder zu ihm hinkamen, sank er das dritte Mal unter, und sie sahen nichts mehr von ihm.«
Ich fragte, ob ihn jemand auf der Insel gesehen habe, seit er tot war. »Das haben sie nicht«, sagte er, »aber da steckten sonderbare Dinge dahinter. Bevor er an jenem Tag hinaus aufs Meer fuhr, kam sein Hund und setzte sich neben ihn auf die Felsen und begann zu heulen. Als die Pferde herunter zur Mole kamen, sah eine alte Frau ihren Sohn, der vor einiger Zeit ertrunken war, auf einem von ihnen reiten. Sie sagte nichts von dem, was sie gesehen hatte, und der Mann fing das Pferd ein, er fing sein eigenes Pferd zuerst, und dann fing er eben das andere, und dann fuhr er hinaus und ertrank. Zwei Tage danach träumte ich, sie hätten ihn gefunden am Ceann gaine, am Sandy Head, und trugen ihn hinauf zum Haus auf dem Brett und zogen ihm die Pampooties aus und hängten sie an einen Nagel zum Trocknen. Es war genau dort, wo sie ihn dann gefunden haben, das hast du sie erzählen hören.«
»Habt ihr immer Angst, wenn ihr einen Hund heulen hört?« fragte ich.
»Wir mögen es nicht«, antwortete er, »du kannst sie oft oben auf den Felsen sitzen und zum Himmel blikken sehen, und sie heulen. Wir mögen das gar nicht, und wir mögen es nicht, wenn ein Hahn oder ein

Huhn irgend etwas im Haus zerbricht, denn wir wissen, daß dann jemand fortgehen wird. Eine Weile bevor der Mann, der in dem Haus dort unten lebte, im letzten Winter starb, fing der Hahn, der seiner Frau gehörte, mit einem anderen Hahn zu kämpfen an. Die beiden flogen auf den Küchenschrank und schlugen den Schirm der Lampe ab, und er fiel auf den Boden und war zerbrochen. Die Frau fing ihren Hahn danach und schlachtete ihn, aber sie konnte den anderen Hahn nicht töten, denn er gehörte dem Mann, der im nächsten Haus lebte. Dann bekam dieser Mann eine Krankheit und starb danach.«

Ich fragte ihn, ob er auf der Insel jemals Elfen-Musik gehört habe.

»Ich habe ein paar Jungen in der Schule vor einiger Zeit reden hören«, sagte er, »und sie erzählten, daß ihre Brüder und ein anderer Mann eines Morgens vor zwei Wochen ausgefahren seien zum Fischen, schon bevor der Hahn gekräht hatte. Als sie unten am Sandy Head waren, hörten sie Musik nahebei, und es waren die Elfen, die dort waren. Ich habe auch noch von anderen Dingen gehört. Einmal waren drei Männer in der Nacht draußen in einer Curagh, und sie sahen ein großes Schiff auf sich zukommen. Sie hatten Furcht davor, und sie versuchten wegzukommen, aber es kam immer näher auf sie zu, bis einer der Männer sich umdrehte und das Zeichen des Kreuzes machte, und dann sahen sie es nicht mehr.«

Auf eine weitere Frage antwortete er: »Wir sehen oft die Menschen, die mit ihnen fort sind. Da war ein junger Mann gestorben vor einem Jahr, und er kam immer zum Fenster des Hauses, wo sein Bruder schlief, und er redete mit ihnen in der Nacht. Er hatte eine Weile zuvor geheiratet, und er sagte in der Nacht immer, daß es ihm leid tue, sein Land nicht seinem Sohn versprochen zu haben, und an ihn sollte es gehen. Ein anderes Mal sagte er etwas von einer Stute, über ihre Hufe oder die Hufeisen, mit denen sie beschlagen werden sollte. Vor einiger Zeit sah ihn Patch Ruadh den Weg entlanggehen mit ›broga arda‹ – Lederstiefeln – an und einem neuen Anzug. Dann sahen ihn zwei Männer an einem anderen Ort.«

»Siehst du diese gerade Felswand?« sagte er ein paar Minuten später und zeigte auf eine Stelle unter uns. »Dort ist es, wo die Elfen Ball spielen in der Nacht, und du kannst die Abdrücke ihrer Fersen sehen, wenn du am Morgen hinkommst, und drei Steine, die sie haben, um die Grenze anzuzeichnen, und einen anderen großen Stein, auf dem sie den Ball springen lassen. Schon oft haben die Jungen die drei Steine weggetan, und immer sind sie am nächsten Morgen wieder da, und vor einiger Zeit nahm der Mann, dem das Land gehört, sogar den großen Stein selbst und rollte ihn herunter und warf ihn über die Klippe, trotzdem lag er am Morgen wieder an seinem Platz vor ihm.«

Ich bin wieder auf der Südinsel, und ich bin hier auf einige alte Männer gestoßen mit sehr vielen Geschichten und Liedern, diese häufig auf Englisch und auf Irisch. Heute ging ich zusammen mit einem Bewohner, der Irisch schreiben kann, zum Haus des einen, und wir schrieben eine ganze Menge auf, und andere hörten wir uns nur an. Hier folgt eine der Geschichten, die der alte Mann uns erzählte, bevor er richtig in

Fahrt kam. Ich habe sie nicht mitgeschrieben, aber sie lautete etwa so:

Es gab da einmal einen Mann mit Namen Charley Lambert, und jedes Pferd, das er in einem Rennen ritt, mit dem kam er als erster ein. Die Leute im Land waren am Schluß wütend auf ihn, und ein Gesetz wurde gemacht, daß er nicht mehr auf Rennen reiten sollte, und wenn er ritt, sollte jeder, der ihn sah, das Recht haben, ihn zu erschießen.

Danach war da ein Herr aus diesem Teil des Landes in England drüben, und er redete eines Tages mit den Leuten dort, und er sagte, daß die Pferde von Irland die besten Pferde seien. Die Engländer sagten, die englischen Pferde seien die besten, und schließlich sagten sie, es solle ein Rennen stattfinden, und die englischen Pferde würden hinüberkommen und gegen die Pferde von Irland laufen, und der Herr setzte all sein Geld auf dieses Rennen.

Als er nun nach Irland zurückkam, ging er zu Charley Lambert und bat ihn, sein Pferd zu reiten. Charley sagte, er würde nicht reiten, und sagte dem Herrn, in welcher Gefahr er sei. Dann erzählte ihm der Herr, wie er seinen ganzen Besitz auf das Pferd gesetzt habe, und am Ende fragte Charley, wo die Rennen sein sollten, und die Stunde und den Tag. Der Herr sagte es ihm.

»Laß an diesem Tag alle sieben Meilen entlang der Straße von hier bis zum Rennplatz ein Pferd mit Zügel und Sattel darauf hinstellen«, sagte Lambert, »und ich werde im Rennen sein.«

Nachdem der Herr fortgegangen war, zog Charley

seine Kleider aus und ging in sein Bett. Dann schickte er nach dem Doktor, und als er ihn kommen hörte, begann er mit seinen Armen so herumzuschlagen, daß der Doktor denken würde, sein Puls sei hoch mit dem Fieber. Der Doktor fühlte ihm den Puls und sagte ihm, stillzuhalten bis zum nächsten Tag, wenn er wieder nach ihm sehen würde. Am nächsten Tag war es das gleiche, und so weiter bis zum Tag der Rennen. An diesem Morgen hatte Charley seinen Puls so stark schlagen, daß der Doktor ihn übel daran glaubte. »Ich gehe jetzt zu den Rennen, Charley«, sagte er, »aber ich werde hereinkommen und wieder nach dir sehen, wenn ich am Abend zurückkomme, und sei du sehr vorsichtig und ruhig, bis du mich siehst.«

Sobald er weggegangen war, sprang Charley aus dem Bett und setzte sich auf sein Pferd und ritt sieben Meilen bis dorthin, wo das erste Pferd auf ihn wartete. Dann ritt er dieses Pferd sieben Meilen und ein anderes Pferd wieder sieben Meilen, bis er zum Rennplatz kam.

Er ritt das Pferd von dem Herrn, und er gewann das Rennen. Große Mengen Menschen sahen zu, und als sie ihn einlaufen sahen, sagten sie, das sei Charley Lambert, oder der Teufel stecke dahinter, denn es gab sonst niemanden, der ein Pferd so hereinbringen konnte, wie er das tat, denn das Pferd lahmte schon, und er kam genausogut herein.

Als das Rennen vorbei war, stieg er auf das Pferd, das auf ihn wartete, und fort mit ihm sieben Meilen lang. Dann ritt er das andere Pferd sieben Meilen und sein eigenes Pferd sieben Meilen, und als er nach Hause kam, warf er die Kleider ab und legte sich in sein Bett.

Nach einiger Zeit kam der Doktor zurück und sagte, es sei ein großartiges Rennen gewesen, das sie gehabt hätten.
Den nächsten Tag sagten die Leute, es sei Charley Lambert gewesen, der das Pferd geritten habe. Eine Untersuchung wurde abgehalten, und der Doktor beschwor, daß Charley krank in seinem Bett sei, und er habe ihn vor dem Rennen und danach gesehen. So behielt der Herr sein Vermögen.

Danach erzählte er mir eine andere Geschichte von einem Elfenreiter, der traf auf einen Herrn, der sein ganzes Vermögen verloren hatte bis auf einen Shilling, und um diesen Shilling bettelte er bei ihm. Der Herr gab ihm den Shilling, und der Elfenreiter – ein kleiner roter Mann – ritt für ihn ein Pferd in einem Rennen und winkte ihm mit einem roten Taschentuch als ein Zeichen, daß er die Einsätze verdoppeln sollte, und machte so einen reichen Mann aus ihm.
Dann rezitierte er für uns ein ungewöhnliches Gedicht auf Englisch und in Knittelversen. Ich notierte es mir, obgleich es ziemlich zusammenhanglos wirkt, wenn es im ganzen aufgeschrieben ist. Die Verse wurden von dem alten Mann wie eine Art Wechselgesang wiederholt, und bei einer Zeile, die besonders unregelmäßig war, schien er sich einen besonderen Spaß daraus zu machen, diese in die Form des Rezitativs zu zwingen. Die ganze Zeit sang der Alte mit einer schlangenartigen Bewegung des Körpers, die zu dem Gesang zu gehören schien und den Alten zu einem Teil davon machte.

The White Horse

My horse he is white,
Though at first he was bay,
And he took great delight
In travelling by night
And by day.

Mein Hengst, er ist weiß, Obwohl er zuerst rotbraun war, Und es machte ihm großes Vergnügen, Nachts geritten zu werden Und am Tag.

His travels were great
If I could but half of them tell,
He was rode in the garden by Adam,
The day that he fell.

Seine Fahrten waren groß Wenn ich nur die Hälfte davon erzählen könnte, Er wurde im Paradiesgarten geritten von Adam, An dem Tag als er in Sünde fiel.

On Babylon plains
He ran with speed for the plate,
He was hunted next day
By Hannibal the great.

Auf den Ebenen Babylons Lief er mit großer Schnelligkeit um den Preis, Er wurde am nächsten Tag Von Hannibal dem Großen gejagt.

After that he was hunted
In the chase of a fox,
When Nebuchadnezzar ate grass,
In the shape of an ox.

Danach wurde nach ihm gejagt   Bei einer Fuchsjagd,
Als Nebuchadnezzar Gras fraß,   In der Gestalt eines Ochsen.

In den nächsten Versen wird dann davon erzählt, wie er mit Noah in die Arche ging und wie Moses ihn durch das Rote Meer ritt, dann geht es weiter:

He was with king Pharaoh in Egypt
When fortune did smile,
And he rode him stately along
The gay banks of the Nile.

Er war mit König Pharao in Ägypten   Als das Glück lachte,
Und feierlich ritt er ihn entlang   Den fröhlichen Ufern des Nil.

He was with king Saul and all
His troubles went through,
He was with king David the day
That Goliath he slew.

Er war bei König Saul und an allen   Seinen Sorgen nahm er teil,
Er war bei König David an dem Tag,   An dem er Goliath erschlug.

Ein paar Verse lang ist er bei Juda und Makkabäus dem Großen, bei Kyros und dann wieder zurück in Babylon. Dann begegnen wir ihm als dem Trojanischen Pferd wieder.

When (...) came to Troy with joy,
My horse he was found,
He crossed over the walls and entered
The city I'm told.

Als (...) mit Freude nach Troja kam, Mein Hengst, er wurde dort wieder angetroffen, Er überstieg die Mauern und betrat Die Stadt, wie man mir sagt.

...

I come on him again, in Spain,
And he in full bloom,
By Hannibal the great he was rode,
And he crossing the Alps into Rome.

Ich treffe ihn wieder, in Spanien, Und er in voller Kraft, Von Hannibal dem Großen wurde er geritten, Und er überquerte die Alpen nach Rom hinein.

The horse being tall
And the Alps very high,
His rider did fall
And Hannibal the great lost an eye.

Das Pferd sehr groß Und die Alpen sehr hoch, Sein Reiter, der fiel herab Und Hannibal der Große verlor ein Auge.

Danach trägt der Hengst den jungen Sipho (Scipio), dann wird er von Brian geritten, als dieser die Dänen aus Irland vertreibt, von St. Ruth, als dieser in der Schlacht von Aughrim fällt, und von Sarsfield bei der Eroberung von Limerick.

He was with king James who sailed
To the Irish shore,
But at last he got lame,
When the Boyne's bloody battle was o'er.

Er war mit König James, der segelte Zur irischen Küste, Aber schließlich wurde er lahm, Als die blutige Schlacht von Boyne vorüber war.

He was rode by the greatest of men
At famed Waterloo,
Brave Daniel O'Connell he sat
On his back it is true.

Er wurde von den größten Männern geritten Beim berühmten Waterloo, Der tapfere Daniel O'Connell, der saß Auf seinem Rücken, das ist wahr.

...

Brave Dan's on his back,
He's ready once more for the field.
He never will stop till the Tories,
He'll make them to yield.

Mit dem tapferen Dan auf seinem Rücken Ist er noch einmal bereit für die Schlacht. Er wird nicht einhalten bis zu den Tories, Er wird sie zum Aufgeben zwingen.

So grotesk dieses lange Gedicht auch scheint, so gewinnt es doch Leben, wie ich schon sagte, wenn der alte Mann es am Feuer summt. Auf der Insel ist es sehr bekannt. Der alte Mann selbst hofft, daß ich es abdrucke, denn, so sagte er, es wäre schade, wenn es von der Erde verschwinden würde. Er ist der einzige hier, der es kennt, und keiner hat es je auf dem Festland gehört. Er wußte noch einige Beispiele solcher Knittelverse, die ich jedoch nicht aufgezeichnet habe.

Die englischen und auch die irischen Lieder sind voll von Wörtern, die die Menschen selbst nicht verstehen, und ihr Gedächtnis läßt gewöhnlich nach, wenn sie dann die Worte langsam hersagen.

Den ganzen Morgen über habe ich Frauenhaar-Farn ausgegraben, und zwar mit einem Jungen, den ich auf den Felsen traf und der in großer Trauer war, da sein Vater vor einer Woche plötzlich an einem Herzweh gestorben war. »Wir hätten nicht um alles Gold der Welt unseren Vater verlieren wollen«, sagte er, »und es ist nun große Einsamkeit und Trauer im Haus.«
Dann erzählte er mir, daß ein Bruder, der Heizer in der Marine ist, gerade nach Hause gekommen war, kurz bevor sein Vater starb, und er habe nun sein ganzes Geld für ein schönes Begräbnis mit viel zu trinken und viel Tabak ausgegeben.
»Mein Bruder ist ein ganzes Stück in der Welt herumgekommen«, sagte er, »und er hat große Wunder gesehen. Er erzählt uns von den Menschen, die zu ihnen aufs Schiff kommen, von Italien und Spanien und Portugal, und daß sie eine Art Irisch sprechen – gar kein Englisch –, obwohl man nur ein oder das andere Wort versteht.«
Nachdem wir genug Wurzeln aus den tiefen Spalten in den Felsen – nur dort sind sie zu finden – gegraben hatten, gab ich meinem Begleiter ein paar Pfennige und schickte ihn nach Hause.

Dem alten Mann, der mir die irischen Gedichte mitteilt, gefallen eigenartigerweise die Übersetzungen, die ich von einigen angefertigt habe. Er sagte, er würde nicht müde, sie mich lesen zu hören, und sie seien viel schöner als seine alten Vers-Fetzen.

Hier die Übersetzung eines dieser Gedichte, sie hält sich so nah wie möglich an das Irische.

Rucard Mor

I put the sorrow of destruction on the bad luck,
For it would be a pity ever to deny it,
It is to me it is stuck,
By loneliness my pain, my complaining.

Ich schiebe den Kummer über das Unheil auf das Pech, Denn es wäre schade, es jemals zu bestreiten, Ich bin es, an dem es hängengeblieben ist, In Einsamkeit mein Schmerz, meine Klage.

It is the fairy-host
Put me a-wandering
And took from me my goods of the world.
At Mannistir na Ruaidthe
It is on me the shameless deed was done:
Finn Bheara and his fairy-host
Took my little horse on me from under the bag.

Es ist das Heer der Elfen, Das mich zur Wanderschaft brachte Und mir mein einziges Besitztum auf der Welt nahm. Zu Mannistir na Ruaidthe War ich es, dem die schamlose Tat zugefügt wurde: Finn Bheara und sein Elfenheer Nahmen mir mein kleines Pferd unter dem Packen fort.

If they left me the skin
It would bring me tobacco for three months,
But they dit not leave anything with me
But the old minister in its place.

Wenn sie mir doch das Fell gelassen, Es hätte mir Tabak für drei Monate eingebracht, Aber sie ließen mir nichts, Außer an seiner Stelle den alten Pfarrer.

Am not I to be pitied?
My bond and my note are on her,
And the price of her not yet paid,
My loneliness, my pain, my complaining.

Bin ich nicht bemitleidenswert? Mein Ein und Alles, mein Ansehen sind mit ihr fort, Und dabei ist ihr Preis noch nicht einmal bezahlt, In Einsamkeit, mein Schmerz, meine Klage.

The devil a hill or a glen, or highest fort
Ever was built in Ireland,
Is not searched on me for my mare,
And I am still at my complaining.

Beim Teufel! jeder Berg oder jede Schlucht, oder auch die höchste Feste, Die je in Irland erbaut worden ist, Habe ich durchsucht nach meiner Stute, Und noch immer bin ich am Klagen.

I got up in the morning,
I put a red spark in my pipe.
I went to the Cnoc-Maithe
To get satisfaction from them.

Ich stand am Morgen auf, Ich tat einen roten Funken in die Pfeife. Ich ging zu den Cnoc-Maithe, Um sie zur Rechenschaft zu ziehen.

I spoke to them,
If it was in them to do a right thing,
To get me my little mare,
Or I would be changing my wits.

Ich sprach zu ihnen, Ob es ihnen nicht daran läge, eine gerechte Sache zu tun, Mir meine kleine Stute zu verschaffen, Oder ich würde den Verstand verlieren.

»Do you hear, Rucard Mor?
It is not here is your mare,
She is in Glenasmoil
With the fairy-men these three months.«

»Hörst du, Rucard Mor? Hier ist sie nicht, hier ist deine Stute nicht. Sie ist in Glenasmoil Mit den Elfen-Männern schon seit drei Monaten.«

I ran on in my walking,
I followed the road straightly,
I was in Glenasmoil
Before the moon was ended.

Ich lief weiter auf meiner Wanderschaft, Ich folgte geradewegs der Straße, Ich war in Glenasmoil, Bevor der Mond zu Ende ging.

I spoke to the fairy-man,
If it was in him to do a right thing,
To get me my little mare,
Or I would be changing my wits.

Ich sprach zu dem Elfen-Mann, Ob es ihm nicht daran läge, eine gerechte Sache zu tun, Mir meine kleine Stute zu geben, Oder ich würde den Verstand verlieren.

»Do you hear, Rucard Mor?
It is not here is your mare,
She is in Cnoc Bally Brishlawn
With the horseman of the music these three months.«

»Hörst du, Rucard Mor? Hier ist sie nicht, nicht hier ist deine Stute, Sie ist in Cnoc Bally Brishlawn Mit dem ersten Reiter der Musik schon seit drei Monaten.«

I ran off on my walking,
I followed the road straightly,
I was in Cnoc Bally Brishlawn
With the black fall of the night.

Ich lief weiter auf meiner Wanderschaft, Ich folgte geradewegs der Straße, Ich kam nach Cnoc Bally Brishlawn Beim schwarzen Einfall der Nacht.

That is a place was a crowd
As it was seen by me,
All the weavers of the globe,
It is there you would have news of them.

Das ist ein Ort, da war eine Menge Menschen, Wie ich es selbst so gesehen habe, Alle die Weber der Welt, Dort ist es, wo du Neues von ihnen erfährst.

I spoke to the horseman,
If it was in him to do the right thing,
To get me my little mare,
Or I would be changing my wits.

Ich sprach zu dem Reiter, Ob ihm nicht daran läge, eine gerechte Sache zu tun, Mir meine kleine Stute wiederzugeben, Oder ich würde den Verstand verlieren.

»Do you hear, Rucard Mor?
It is not here is your mare,
She is in Cnoc Cruachan,
In the back end of the palace.«

»Hörst du, Rucard Mor? Hier ist sie nicht, nicht hier ist deine Stute, Sie ist in Cnoc Cruachan, Am hintersten Ende des Schlosses.«

I ran off on my walking,
I followed the road straightly,
I made no rest or stop
Till I was in face of the palace.

Ich lief weiter auf meiner Wanderschaft, Ich folgte geradewegs der Straße, Ich machte keine Rast und keinen Halt Bis ich vor dem Schloß war.

That is the place was a crowd
As it appeared to me,
The men and women of the country,
And they all making merry.

Das ist der Platz, da war eine Menge Menschen, Wie es mir erschien, Die Männer und Frauen des Landes, Und sie alle waren lustig.

Arthur Scoil (?) stood up
And began himself giving the lead,
It is joyful, light and active,
I would have danced the course with them.

Arthur Scoil stand auf Und führte selbst an, Es ist lustig, flink und geschäftig, Ich hätte gern die Runde mit ihnen getanzt.

They drew up on their feet
And they began to laugh, –
»Look at Rucard Mor,
And he looking for his little mare.«

Sie hatten ihre Füße schon aufgehoben, Und sie begannen zu lachen, – »Schaut euch Rucard Mor an, Und er sucht nach seiner kleinen Stute.«

I spoke to the man,
And he ugly and humpy,
Unless he would get me my mare
I would break a third of his bones.

Ich sprach zu dem Mann, Und er häßlich und bucklig, Wenn er mir nicht meine Stute wiedergeben würde, Ich würde ihm ein Drittel seiner Knochen brechen.

»Do you hear, Rucard Mor?
It is not here is your mare,
She is in Alvin of Leinster,
On a halter with my mother.«

»Hörst du, Rucard Mor? Hier ist sie nicht, nicht hier ist deine Stute, Sie ist in Alvin, in Leinster, An einem Halfter bei meiner Mutter.«

I ran off on my walking
And I came to Alvin of Leinster.
I met the old woman –
On my word she was not pleasing.

Ich lief weiter auf meiner Wanderschaft, Und ich kam nach Alvin in Leinster, Ich traf die alte Frau – Auf mein Wort, sie war nicht angenehm.

I spoke to the old woman,
And she broke out in English:
»Get agone, you rascal,
I don't like your notions.«

Ich sprach zu der alten Frau, Und sie schrie auf Englisch: »Pack dich fort, du Bandit, Ich mag deine Art nicht.«

»Do you hear, you old woman?
Keep away from me with your English,
But speak to me with the tongue
I hear from every person.«

»Hörst du, du alte Frau? Bleib mir vom Halse mit deinem Englisch, Rede mit mir in der Sprache, Die ich von jedem Menschen höre.«

»It is from me you will get word of her,
Only you come too late –
I made a hunting cap
For Conal Cath of her yesterday.«

»Ich bin es, von der du etwas von deinem Pferd hören kannst, Nur kommst du zu spät – Ich habe aus ihr eine Jagdmütze Für Conal Cath gestern gemacht.«

I ran off on my walking,
Through roads that were cold and dirty,
I fell in with the fairy-man,
And he lying down on in the Ruadthe.

Ich lief weiter auf meiner Wanderschaft, Über Straßen, die kalt und schmutzig waren, Ich begegnete dem Elfen-Mann, Und er lag unten im Ruadthe.

»I pity a man without a cow,
I pity a man without a sheep,
But in the case of a man without a horse
It is hard for him to be long in the world.«

»Ein Mann ohne Kuh tut mir leid, Ein Mann ohne Schaf tut mir leid, Aber bei einem Mann ohne Pferd, Da ist es schwer für ihn, lange auf der Welt zu sein.«

Heute morgen lag ich lange auf einem Felsen nahe am Meer, und dabei beobachtete ich ein paar Nebelkrähen, die Muscheln fallen ließen, um sie aufzubrechen. Da sah ich einen Vogel mit einem großen weißen Gegenstand, den er immer wieder ohne Erfolg fallen ließ. Ich nahm ein paar Steine und versuchte, ihn zu verscheuchen, wenn das Ding heruntergefallen war, aber ein paarmal war mir der Vogel zu schnell und machte sich damit davon, bevor ich zu ihm hinunterkommen konnte. Endlich traf ich ihn aber fast mit einem Stein, und er flog fort. Ich stieg schnell hinunter und fand zu meinem Erstaunen einen alten Golfball! Zweifellos war er irgendwie von den Golfplätzen in der Grafschaft Clare, die ja nicht weit weg sind, hinaus ins Meer getragen worden, und der Vogel hatte den halben Morgen lang versucht, ihn zu zerbrechen.
Später unterhielt ich mich lange mit einem jungen Mann, der alles über das heutige Leben wissen wollte, und ich erzählte ihm von einem raffinierten Geschäft um zwei Ecken an der Börse, von dem ich kürzlich gehört hatte. Als er es schließlich ganz verstanden hatte, schrie er vor Vergnügen und Begeisterung.
Als er sich wieder beruhigt hatte, sagte er: »Ist es nicht wirklich ein großes Wunder, daß diese reichen Männer genauso große Schurken sind wie wir?«

Von dem alten Geschichtenerzähler habe ich ein langes Gedicht von einem Mann, der mit einem Adler kämpfte. Es ist ziemlich unregelmäßig und hat ein paar unklare Stellen, aber ich habe es mit Hilfe meines sprachkundigen Gewährsmannes übersetzt:

Phelim and the Eagle

On my getting up in the morning
And I bothered, on a Sunday,
I put my brogues on me,
And I going to Tierny
In the Glen of the Dead People.
It is there the big eagle fell in with me,
He like a black stack of turf sitting up stately.
I called him a lout and a fool,
The son of a female and a fool,
Of the race of the Clan Cleopas, the biggest rogues in the land.
That and my seven curses
And never a good day to be on you,
Who stole my little cock from me that could crow the sweetest.

Als ich am Morgen aufstand, Und ich war ärgerlich, an einem Sonntag, Zog ich mir die schweren Schuhe an, Und ich ging nach Tierny In dem Tal der Toten Leute. Dort war es, wo der große Adler auf mich stieß, Er saß stolz da wie ein schwarzer Torfstapel. Ich schimpfte ihn eine Laus und einen Narren. Den Sohn eines Weibes und eines Idioten, Vom Stamme des Clan Cleopas, der größten Schurken im Lande. Das und meine sieben Flüche sollen über dich kommen, Und kein einziger guter Tag, Der du mir meinen kleinen Hahn gestohlen hast, der am süßesten krähen konnte.

»Keep your wits right in you
And dont't curse me too greatly,
By my strength and my oath
I never took rent of you,
I didn't grudge what you would have to spare

In the house of the burnt pigeons,
It is always useful you were to men of business.«

»Sei du nur auf deiner Hut Und beschimpfe mich nicht zu laut, Bei meiner Kraft und meinem Wort, Ich habe nie die Pacht von dir erpreßt, Ich neidete dir nichts davon, was du übrig gehabt hättest, Im Haus der verbrannten Tauben, Du warst für Leute mit Geschäft immer nützlich.«

»But get off home
And ask Nora
What name was on the young woman that scalded his head.
The feathers there were on his ribs
Are burnt on the hearth,
And they eat him and they taking and it wasn't much were thankful.«

»Aber geh fort nach Hause Und frage Nora, Welchen Namen die junge Frau hatte, die seinen Kopf verbrannte, Die Federn, die da auf seinen Rippen steckten, Sind im Herd verbrannt. Und sie haben ihn verspeist und genommen haben sie ihn und nicht sehr dankbar waren sie.«

»You are a liar, you stealer,
They did not eat him, and they're taking
Nor a taste of the sort without being thankful,
You took him yesterday
As Nora told me,
And the harvest quarter will not be spent till I take a tax of you.«

»Du bist ein Lügner, du Dieb, Sie haben ihn nicht gegessen und sie nehmen auch nicht Einen Bissen davon, ohne dafür dankbar zu sein. Du hast ihn gestern genommen, Wie Nora mir gesagt

hat, Und das Viertel an der Ernte wird nicht herausgegeben werden, bevor du mich nicht entschädigt hast.«

»Before I lost the Fianna
It was a fine boy I was,
It was not about thieving was my knowledge,
But always putting spells,
Playing games and matches with the strength of Gol MacMorna,
And you are making me a rogue.
At the end of my life.«

»Bevor ich die Fianna verlor, Es war ein feiner Kerl, der ich war, Es war nicht über das Stehlen, wovon ich etwas wußte, Sondern immer hatte ich Macht über andere, Bestand ich Spiele und Wettkämpfe mit der Kraft von Gol MacMorna, Und du machst einen Schuft aus mir. Am Ende meines Lebens.«

»There is a part of my father's books with me,
Keeping in the bottom of a box,
And when I read them the tears fall down from me.
But I found out in history
That you are a son of the Dearg Mor,
If it is fighting you want and you won't be thankful.«

»Da bei mir habe ich einen Teil der Bücher meines Vaters Und hebe sie auf dem Boden einer Truhe auf, Und wenn ich sie lese, fallen mir die Tränen herab. Aber ich fand heraus in der Geschichte, Daß du ein Sohn des Dearg Mor bist, Wenn es Kampf ist, was du möchtest, dann wirst du mir dafür nicht dankbar sein.«

The Eagle dressed his bravery
With his share of arms and his clothes,
He had the sword that was the sharpest

Could be got anywhere.
I and my scythe with me,
And nothing on but my shirt,
We went at each other early in the day.

Der Adler legte seiner Tapferkeit Waffen und Rüstung an. Er hatte das Schwert, das war das schärfste, Das irgendwo zu haben war. Und ich nur mit einer Sense. Und nichts am Leibe außer mein Hemd, Wir gingen aufeinander los früh am Tag.

We were as two giants
Ploughing in a valley in a glen of the mountains.
We did not know for the while which was the better man.
You could hear the shakes that were on our arms under each other,
From that till the sunset,
Till it was forced on him to give up.

Wir waren wie zwei Riesen, Die in einer Schlucht, einem Tal in den Bergen pflügen, Wir wußten lange nicht, wer der bessere Mann war. Du konntest die Schläge hören, die zwischen uns auf unseren Waffen waren, Von da ab bis zum Sonnenuntergang, Bis er zum Aufgeben gezwungen war.

I wrote a »challenge boxail« to him
On the morning of the next day,
To come till we would fight without doubt at the dawn of the day.
The second fist I drew on him
I struck him on the bone of his jaw,
He fell, and it is no lie there was a cloud in his head.

Ich schrieb eine Herausforderung an ihn Am Morgen des nächsten Tages, Er solle kommen bis wir kämpfen würden ohne

Zweifel bis zur Dämmerung des Tages. Mit der zweiten Faust, die nach ihm schlug, schlug ich ihn auf den Knochen seines Kiefers, Er fiel, und das ist nicht gelogen, da war eine Wolke in seinem Kopf.

The Eagle stood up,
He took the end of my hand: –
»You are the finest man I ever saw in my life,
Go off home, my blessing will be on you for ever,
You have saved the fame of Eire for yourself till the Day of the Judgment.«

Der Adler stand auf, Und er nahm meine Hand: »Du bist der beste Mann, den ich je in meinem Leben gesehen habe, Gehe hinweg nach Hause, mein Segen wird für immer auf dir sein, Du hast den Ruhm von Eire bewahrt bis zum Tag des Jüngsten Gerichts.«

Ah! neighbours, did you hear
The goodness and power of Felim?
The biggest wild beast you could get,
The second fist he drew on it
He struck it on the jaw,
It fell, and it did not rise
Till the end of two days.

Ihr Nachbarn, habt ihr nun gehört Von der Güte und der Macht Felims? Das größte wilde Tier, das zu finden ist, Die zweite Faust, mit der er danach schlug, Mit der schlug er es auf den Kiefer, Es stürzte, und stand nicht wieder auf Bis zum Ende zweier Tage.

So gut ich auch die Menschen der Insel zu kennen glaube – es vergeht kaum ein Tag, an dem ich nicht

auf etwas überraschend Primitives in ihrem Leben stoße.
Gestern kam ich in ein Haus, wo eine ziemlich nachlässig gekleidete Frau an der Arbeit war. Sie wartete eine Weile, bis ich mit ihrem Mann ins Gespräch gekommen war, dann schlüpfte sie in eine Ecke, zog einen sauberen Rock an und legte sich ein schönes Tuch um den Hals. Dann kam sie zurück und nahm wieder ihren Platz am Feuer ein.
Heute war ich bis spät abends in einem anderen Haus und unterhielt mich mit den Leuten. Als der kleine Junge – das einzige Kind des Hauses – müde wurde, nahm ihn die alte Großmutter auf ihren Schoß und begann ihm etwas vorzusingen. Sobald er schläfrig war, zog sie ihm die Kleider aus und kratzte ihn dabei sanft mit den Nägeln am ganzen Körper. Dann wusch sie seine Füße mit etwas Wasser aus einem Topf und legte ihn in sein Bett.
Als ich nach Hause ging, trieb der Wind mir den Sand ins Gesicht, so daß ich den Weg kaum finden konnte. Ich mußte mir den Hut über Mund und Nase und die Hand über die Augen halten, als ich mich vorwärts tastete und mit den Füßen nach den Steinen und Löchern im Sand fühlte.

Ich habe den ganzen Morgen mit einem alten Mann zusammengesessen, der Sugawn-Seile für sein Haus machte und mir während dieser Arbeit Geschichten erzählte. Er war in seinen jungen Jahren Lotse gewesen, und wir unterhielten uns lange, zuerst über Deutsche und Italiener und über Russen, dann über die Eigenarten verschiedener Hafenstädte. Dann kam er auf die Mittelinsel zu sprechen, und er erzählte mir folgende Geschichte, welche die merkwürdige Eifersucht zeigt, die zwischen den Inseln herrscht:

Vor langer Zeit waren wir alle noch Heiden, und die Heiligen kamen, um uns von Gott zu lehren und von der Erschaffung der Welt. Die Leute auf der Mittelinsel waren die letzten, die an der Anbetung des Feuers festhielten, oder was immer es war, das sie in jenen Tagen hatten, aber am Ende konnte doch ein Heiliger bei ihnen bleiben, und sie begannen, ihm zuzuhören, obschon sie oft am Abend sagten, sie würden glauben, und dann den Morgen darauf sagten, sie würden nicht glauben. Am Ende gewann der Heilige sie, und sie bauten eine Kirche, und der Heilige hatte Werkzeuge, die von ihnen benutzt wurden, um mit den Steinen zu arbeiten. Als die Kirche halb fertig war, hielten die Leute untereinander eine Art Versammlung ab, während der Heilige in seinem Bett schlief, weil sie sehen wollten, ob sie wirklich glaubten und kein Irrtum darin stecke. Der Anführer stand auf, und er sagte: sie sollten hinuntergehen und ihre Werkzeuge über die Klippen werfen, denn wenn es einen solchen Mann wie Gott gebe, und wenn er den Heiligen so gut kenne, wie dieser gesagt habe, dann könne er wohl genausogut die Werkzeuge wieder aus dem Meer heraus- und heraufholen, wie sie sie hineinwerfen würden. Dann gingen sie hin und warfen die Werkzeuge über die Klippe.

Als der Heilige am Morgen zu der Kirche herunterkam, saßen die Arbeiter alle auf den Steinen, und keine Arbeit wurde getan. »Warum seid ihr müßig?«

fragte der Heilige. »Wir haben keine Werkzeuge«, sagten die Männer, und dann erzählten sie ihm, was sie getan hatten.
Er kniete nieder und betete zu Gott, daß die Werkzeuge aus dem Meer wieder heraufkommen möchten, und danach betete er, daß keine anderen Menschen so große Narren seien wie die Leute von der Mittelinsel, und daß Gott ihnen ihren dunklen Narrenverstand erhalten möge bis ans Ende der Welt. Und darum kann dir kein Mensch von der Mittelinsel eine Geschichte erzählen, ohne zu stottern, oder kann keine Arbeit zu Ende bringen, ohne daß ein Fehler darin steckt.

Ich fragte ihn, ob er den alten Pat Dirane von der Mittelinsel gekannt und von ihm die schönen Geschichten gehört habe.
»Keiner kannte ihn besser als ich«, sagte er, »denn ich bin oft dort auf der Insel und mache Curaghs für die Leute. Eines Tages kam der alte Pat herunter zu mir, als ich gerade dabei war, eine neue Curagh zu teeren, und er bat mich, ein wenig Teer auf die Knie seiner Hosen zu tun, damit ihm der Regen nicht hindurchginge. Ich nahm den Pinsel in die Hand, und ich hatte ihn bis zu den Füßen eingeteert, bevor er wußte, worauf ich aus war. ›Dreh dich jetzt auf die andere Seite‹, sagte ich, ›und du kannst dich hinsetzen, wo immer du willst.‹ Dann fühlte er, wie der heiße Teer ihm auf die Haut kam, und er verfluchte meine Seele, und es tat mir leid für den Streich, den ich ihm gespielt hatte.«
Dieser alte Mann war von der gleichen Sorte wie die freundlichen und wunderlichen alten Männer, die

man in ganz Irland antrifft, und er besaß keine der örtlichen Sonderheiten, die auf Inishmaan so hervortreten.

Als wir genügend geredet hatten, führte ich einige von meinen Kunststücken vor, und ein paar Leute versammelten sich um uns. Als sie wieder gegangen waren, erzählte uns ein anderer alter Mann, der hinzugekommen war, von den Elfen. Eines Nachts, als er vom Leuchtturm nach Hause kam, hörte er einen Mann hinter sich auf der Straße reiten, und er blieb stehen, um auf ihn zu warten, aber niemand kam. Dann klang es so, als ob ein Mann ein Pferd auf den Felsen einzufangen versuchte, und nach kurzer Zeit ging er weiter. Während er weiterging, wurde der Lärm hinter ihm stärker, wie wenn zwanzig Pferde und dann wie wenn hundert oder tausend Pferde ihm nachgaloppierten. Als er zu dem Zauntritt kam, wo er von der Straße ab mußte, und hinüberstieg, wurde er von etwas getroffen, und es warf ihn auf den Felsen, und das Gewehr, das er in der Hand gehabt hatte, fiel in das Feld neben ihm. »Ich fragte den Priester, den wir damals hatten, was dahinterstecke«, sagte er, »und der Priester sagte mir, es seien die gefallenen Engel, und ich weiß nicht, was es sonst gewesen sein könnte.«

»Ein anderes Mal«, fuhr er fort, »kam ich da herunter, wo so ein Stück Klippe ist und darunter eine kleine Höhle, und ich hörte eine Flöte spielen in der Höhle oder daneben, und das war, bevor es zu dämmern anfing. Was immer auch irgendwer sagt, es gibt seltsame Dinge. Da kam einmal in einer Nacht vor dreißig Jahren ein Mann herunter, um meine

Frau zu holen, damit sie hinauf zu seiner Frau ging, denn sie war in den Wehen. Er hatte irgend etwas zu tun mit dem Leuchtturm oder mit der Küstenwache, einer von den Protestanten, die an solche Dinge nicht glauben und die sich über uns lustig machen. Nun, er bat mich, hinunterzugehen und ein Viertel Whisky zu holen, während meine Frau sich fertig machte, und er sagte, er würde mit mir hinuntergehen, wenn ich Angst hätte. Ich sagte, ich hätte keine Angst, und ging allein.

Als ich zurückkam, war da etwas auf dem Weg, und war ich nicht ein dummer Kerl, ich hätte nach einer oder der anderen Seite über den Sand ausweichen können, aber ich ging weiter geradeaus, bis ich nahe daran war – bis ich zu nahe daran war –, dann erinnerte ich mich, ich hatte sagen hören, daß keines dieser Wesen vor dir bestehen kann, wenn du das ›De Profundis‹ sagst, also begann ich es herzusagen, und das Ding rannte fort über den Sand, und ich kam nach Hause. Einige Leute sagten immer, es sei nur ein alter Esel gewesen, der auf dem Weg vor mir stand, aber ich habe nie von einem alten Esel gehört, der vor einem Mann wegläuft, wenn der das ›De Profundis‹ hersagt.«

Ich erzählte ihm die Geschichte, die ich auf der Mittelinsel gehört hatte, von dem Elfenschiff, das verschwunden war, als der Mann das Kreuzzeichen gemacht hatte.

»Es gibt wirklich seltsame Dinge auf dem Meer«, sagte er. »Eines Nachts war ich dort unten, wo du die grüne Stelle siehst, und ich sah ein Schiff hereinkommen und wunderte mich, was es tat, weil es so dicht an die Felsen herankam. Es kam geradewegs auf die Stelle zu, an der ich war, und dann bekam ich Angst und ich lief zu den Häusern hinauf, und als der Kapitän mich laufen sah, änderte er seinen Kurs und fuhr weg. Damals ging ich manchmal als Lotse hinaus – ich ging nur ein paar Mal. Nun, an einem Sonntag kam ein Mann und sagte, da sei ein großes Schiff, das komme in den Sund. Ich lief hinunter mit zwei Männern, und wir fuhren in einer Curagh hinaus; wir fuhren um die Spitze herum, wo das Schiff sein sollte, und dort war kein Schiff. Da es Sonntag war, hatten wir nichts zu tun, und es war ein schöner, ruhiger Tag, deshalb ruderten wir weit hinaus und sahen nach dem Schiff aus, bis ich weiter draußen war, als je vorher oder nachher. Als ich umkehren wollte, sahen wir einen großen Schwarm Vögel auf dem Wasser, und sie waren ganz schwarz, ohne einen einzigen weißen Vogel. Sie hatten überhaupt keine Angst vor uns, und die Männer bei mir wollten zu ihnen hingelangen, so fuhren wir weiter. Als wir ganz nahe heran waren, flogen sie auf, so viele, daß sie den Himmel verdunkelten, und sie kamen wieder herunter, vielleicht einhundert oder einhundertundzwanzig Meter entfernt. Wir fuhren ihnen wieder nach, und einer der Männer wollte einen mit einer Dolle töten, und der andere Mann einen mit seinem Ruder. Ich hatte Angst, sie würden die Curagh zum Kentern bringen, aber sie wollten den Vögeln nach. Als wir ganz nahe heran waren, schleuderte ein Mann die Dolle, und der andere schlug nach ihnen mit dem Ruder, und sie beide fielen in der Curagh hin, und sie legte sich auf die Seite, und nur weil es ganz ruhige See war, ertranken wir nicht alle.

Ich glaube, diese schwarzen Möwen und das Schiff waren von der gleichen Sorte, und danach fuhr ich nie mehr als Lotse aus.
Oft fahren Curaghs aus zu Schiffen und finden dann keines vor. Vor einiger Zeit fuhr eine Curagh hinaus zu einem Schiff von der großen Insel, und da war kein Schiff, und alle Männer in der Curagh gingen unter. Ein schönes Lied wurde danach über sie gemacht, aber ich habe es nie selbst gehört.
An einem anderen Tag war eine Curagh von dieser Insel zum Fischen draußen, und die Männer sahen einen Huker, der nicht weit von ihnen entfernt war, und sie ruderten an ihn heran, um Feuer für ihre Pfeifen zu bekommen – zu dieser Zeit gab es noch keine Zündhölzer –, und als sie auf das große Boot losfuhren, war es verschwunden, und sie hatten große Angst.«
Dann erzählte er mir eine Geschichte, die er vom Festland hatte, von einem Mann, der eines Nachts durch das Land fuhr und auf den eine Frau zukam und ihn bat, sie auf seinem Karren mitzunehmen. Er dachte, daß irgend etwas mit ihr nicht in Ordnung sei, und er fuhr weiter. Nachdem er ein Stück gefahren war, sah er zurück, und da war ein Schwein auf der Straße und keine Frau mehr. Er dachte, es wäre aus mit ihm, aber er fuhr weiter. Als er dann durch einen Wald kam, kamen zwei Männer hervor und auf ihn zu, von jeder Seite der Straße einer, und sie griffen das Halfter des Pferdes und führten es weiter zwischen sich. Sie waren alte, abgearbeitete Männer mit groben altmodischen Wollkleidern. Als sie aus dem Wald herauskamen, traf er Leute, als wäre da ein Markt auf der

Straße mit Käufern und Verkäufern, und dabei waren es gar keine lebenden Menschen. Die alten Männer führten ihn durch die Menge, und dann verließen sie ihn. Als er nach Hause kam und den alten Leuten von den beiden alten Männern erzählte und ihrer Art und den Kleidern, die sie getragen hatten, sagten ihm die alten Leute, es seien sicherlich seine beiden Großväter gewesen, die für ihn gesorgt hatten, denn sie hatten ihn sehr geliebt, als er noch ein heranwachsender Junge gewesen war.

Heute abend hatten wir Tanz in der Stube des Gasthauses. Ein Feuer war gemacht worden, und die Tische wurden in die Ecken gerückt. Es gab keinen Zeremonienmeister, und nachdem ich auf der Geige zwei oder drei schnelle Tänze und ein paar andere Melodien gespielt hatte, machte ich eine Pause, da ich nicht wußte, wieviel Musik die Leute von mir hören wollten, oder ob noch jemand sonst zum Singen oder Aufspielen da war. Für einen Augenblick schien ein toter Punkt gekommen zu sein, aber ein junges Mädchen, das ich ganz gut kannte, sah meine schwierige Lage und nahm die Leitung unseres Festes in die Hand. Zuerst bat sie die Tochter eines Küstenwächters, einen Schottischen auf der Maultrommel zu spielen, den sie sofort selbst mit bewundernswertem Temperament und Rhythmus tanzte. Dann bat das kleine Mädchen mich, wieder zu spielen, sagte mir dabei, was ich wählen sollte, und leitete auf solche Weise den ganzen weiteren Abend, bis es für sie an der Zeit war, nach Hause zu gehen. Dann stand sie auf, dankte mir auf Irisch und ging zur Tür hinaus, ohne irgend jemanden anzusehen. Die ganze Gesellschaft folgte ihr fast sofort nach.

Als sie gegangen waren, saß ich eine Weile auf einem Faß im Gasthaus und redete mit ein paar jungen Männern, die eine Zeitung auf Irisch lasen. Dann verbrachte ich den restlichen Abend noch lange mit meinem sprachkundigen Helfer und zwei Geschichtenerzählern – beides alte Männer, die Lotsen gewesen waren – und schrieb ihre Geschichten und Gedichte auf. Fast sechs Stunden lang waren wir an der Arbeit, und je mehr Stoff wir bekamen, desto mehr schien den alten Männern einzufallen. »Ich wollte heute nacht zum Fischen ausfahren«, sagte der jüngere, als er hereinkam, »aber ich habe dir versprochen zu kommen, und du bist ein höflicher Mann, deshalb würde ich nicht um fünf Pfund mein Wort brechen. Und jetzt« – er nahm sein Glas Whisky auf – »das ist auf deine Gesundheit, und mögest du leben, bis sie dir einen Sarg aus einem Stachelbeerstrauch machen oder bis du im Wochenbett stirbst.« Sie tranken auf mein Wohl, und unsere Arbeit begann.

»Hast du etwas von dem Dichter MacSweeny sagen hören?« sagte derselbe Mann und setzte sich nahe zu mir.

»Das habe ich«, sagte ich, »in der Stadt Galway.«

»Gut«, sagte er, »ich werde dir sein Gedicht ›The Big Wedding‹ – Die Große Hochzeit – hersagen, denn es ist ein schönes Stück und es gibt nicht viele, die es kennen. Da war ein armes Dienstmädchen draußen auf dem Land, und sie heiratete einen armen Knecht. MacSweeny kannte die beiden, und er war fort zu dieser Zeit und er kam erst einen Monat später zurück. Als er zurückkam, ging er hin und besuchte Peggy O'Hara – das war der Name des Mädchens –, und er fragte sie, ob sie eine schöne Hochzeit gehabt hätten. Peggy sagte, sie wäre nur leidlich gewesen, aber sie hatten ihn trotzdem nicht vergessen, und sie hatte eine Flasche Whisky für ihn im Schrank. Er setzte sich ans Feuer und begann den Whisky zu trinken. Als er ein paar Gläser getrunken hatte und von dem Feuer warm geworden war, begann er ein Lied zu machen, und dies war das Lied über die Hochzeit von Peggy O'Hara.« Er kannte das Gedicht auf Englisch und auf Irisch, aber da es bereits anderswo aufgezeichnet ist und einem anderen Volksdichter zugeschrieben wird, brauche ich es hier nicht mitzuteilen.

Wir tranken noch eine Runde Bier und Whisky, und dann sang uns der alte Mann, von dem MacSweenys Hochzeitslied stammte, einen Teil eines Trinkliedes vor, das mein Helfer aufschrieb und das ich dann später mit ihm übersetzte.

Das ist, was die alte Frau sagt bei der Beulleaca, wenn sie einen Mann sieht, der nichts weiß. »Warst du jemals im Haus der Schwarzbrenner, hast du dort jemals etwas zu trinken bekommen? Weder Wein noch Bier ist so süß wie das Zeug dort ist, aber es ist gut, daß ich mich nicht verbrannte, als ich hinfiel, nach einem Trunk davon am Feuer von Mr. Sloper.

Ich lobe Owen O'Hernon über alle die Ärzte von Irland, denn er ist es, der das ›Wasser‹ zur Arznei machte, und das lag an der Gerste.

Wenn du nur einen Tropfen davon einer alten Frau gibst, die auf der Erde mit einem Stock herumgeht, würde sie eine Woche lang denken, daß ihr ein schönes Bett gemacht worden ist.«

Danach mußte ich die Geige vornehmen und für sie ein paar Lieder spielen, während sie ihren Whisky austranken. Ein neuer Vorrat Bier war heute morgen in das kleine Gasthaus unter meinem Zimmer gebracht worden, und ich konnte in den Pausen unserer Gespräche hören, daß mehrere Männer gekommen waren, einige Nachbarn von der Mittelinsel bewirtet hatten und nun viele Lieder sangen, einige auf Englisch ähnlich denen, die ich hier wiedergegeben habe, die meisten aber auf Irisch.

Als wenig später unten die Gesellschaft aufbrach, wurden meine alten Männer unruhig wegen der Elfen – sie leben etwas weiter weg – und machten sich auf den Weg über die Dünen.

Am nächsten Tag fuhr ich mit dem Dampfer ab.

Nachwort des Übersetzers

John Millington Synge wurde 1871 in Dublin geboren. Er besuchte dort das Trinity-College und unternahm nach Abschluß seines Studiums mehrere Reisen, die ihn nach Italien, Frankreich und Deutschland führten. Er studierte Musiktheorie und Geige, wirkte an einigen Konzerten aktiv mit und war bis zum Jahre 1898 unschlüssig, ob er Musiker oder Schriftsteller werden sollte. Schon auf dem College hatte er sich mit Literatur und mit der gälischen Sprache beschäftigt, die um die Jahrhundertwende in Irland weit weniger verbreitet war als heute, da sie erst mit der ersten Unabhängigkeitserklärung des Landes 1921/1922 zur zweiten offiziellen Nationalsprache erklärt wurde.

William Butler Yeats, der bedeutendste lyrische Dichter Irlands, den Synge im Dezember 1896 in Paris traf, muß bei ihm diese Unfähigkeit zu einer Entscheidung und zugleich seine Begabung gespürt haben, als er ihm riet, auf die Aran-Inseln zu fahren, die an der Westküste Irlands vor der Bucht von Galway liegen. Dort war Yeats selbst gerade gewesen, um Stoff für einen Roman zu finden. Falls sich ein Aufenthalt Synges auf Aran nicht in journalistischer Hinsicht lohne, meinte Yeats, so könne er wenigstens seine Studien des Gälischen weitertreiben, welches dort überwiegend gesprochen wurde.

Synge hat die Aran-Inseln fünfmal besucht: vom 10. Mai bis 25. Juni 1898, vom 12. September bis 7. Oktober 1899, von Mitte September bis 15. Oktober 1900, vom 20. September bis zum 8. Oktober 1901

und vom 10. Oktober bis zum 8. November 1902. Über diese Aufenthalte schrieb er in verschiedenen, so auch New Yorker Zeitungen, bevor er beschloß, seine Berichte in einem Buch zusammenzufassen. Im Mai 1901 lagen die ersten Teile von »The Aran Islands« in fast endgültiger Form vor, erst 1907 erschienen die Aufzeichnungen dann als Buch. Welche Bedeutung sie für Synge selbst hatten, läßt sich aus einem Brief entnehmen, den er 1907 an einen Journalisten richtete: »Ich betrachte ›Die Aran-Inseln‹ als meine erste ernsthafte Arbeit – sie entstand vor den Theaterstükken. Durch das Aufzeichnen der Gespräche und Erzählungen der Menschen in diesem Buch (und in einer Anzahl von Artikeln über die Bauern von Wicklow, die ich nicht gesammelt habe) lernte ich die Sprache und die Dialoge der Bauern schreiben, wie ich sie in meinen Stücken verwende.«
Dieses Buch gewinnt nun für den heutigen Leser in mehrfacher Hinsicht großes Interesse. Der Gegenstand des Berichtes hat sich in den sechzig Jahren seit Synges letztem Aufenthalt kaum verändert. Die Erscheinung dieser Inseln und ihrer Menschen ist konstant geblieben. Aber auch die Art der Betrachtungsweise wirkt durchaus modern: die Sprache versucht den Gegenstand so genau und knapp als möglich zu fassen, ihn eben in modernem Sinn zu beschreiben; die Person des Autors tritt nie in den Vordergrund – übermäßige Reflexionen sind einer solchen Haltung nicht gemäß. Dieser durch die Natur abgegrenzte Stoff bot dem erlebenden und sich schulenden Dichter einfache Erscheinungen und elementare Vorgänge, in denen er Irland und damit sich selbst fand.

Das Erlebnis dieser drei Inseln mit einer geographisch so isolierten und dadurch besonders ursprünglichen Bevölkerung setzte Synges dichterische Begabung frei. Das Leben der Menschen und ihre Erzählungen, die er aufzeichnete, gaben ihm den Stoff für seine Theaterstücke.
Noch entscheidender aber war die Begegnung mit der Sprache, die er dort vorfand und deren Verarbeitung seine eigentliche Bedeutung als Dramatiker ausmacht.
Im Westen Irlands hatte sich das Englische, durch die englischen Eroberer dorthin getragen, immer neben dem Gälischen behaupten müssen. Als Sprache der Eroberer war seine Weiterentwicklung so langsam vor sich gegangen, daß noch zu Synges Zeit, also um 1900, dort ein Englisch gesprochen wurde, das weitgehend die Sprache des 17. Jahrhunderts geblieben war, gleichzeitig aber gewisse – vor allem syntaktische – Elemente des Gälischen absorbiert hatte. Die Sprache in den Stücken Synges wirkte nun bei den Aufführungen kurz nach der Jahrhundertwende in Dublin auf die meisten irischen Zuschauer wie eine Parodie des Englischen oder aber wie eine völlig neu erfundene irische Bühnensprache, und dies, weil das Publikum die Sprache in den westlichen Gebieten seines eigenen Landes nicht kannte. Synge hat immer darauf bestanden, daß seine dramatische Sprache sich der Sprechweise der irischen Bauern bedient, und Sprachwissenschaftler haben dies später bestätigt. Diese neue Theatersprache mit ihrer Drastik und Bildhaftigkeit aber war es, die Synge auf den Aran-Inseln das erste Mal als eine neue Möglichkeit dichterischen Ausdrucks

auffiel und die er von da an aufs genaueste studierte und aufzeichnete.
Yeats hatte zuerst in London einen Plan entwickelt, irgendwo in den Vorstädten ein Theater zu bauen, um eine Stätte zur Verwirklichung seiner Vorstellung von einem romantischen Drama zu haben. Die Witwe des Gouverneurs von Ceylon, Lady Gregory, griff diese Idee auf, unterstützte Yeats auch in finanzieller Hinsicht und half ihm, einen Kreis von Subskribenten zu finden, der dann den ersten Anlauf ermöglichte. Synge hatte die Verbindung zu Yeats seit 1898 nicht mehr abreißen lassen. Durch ihn lernte er dann schon nach seinem ersten Aufenthalt auf den Aran-Inseln auch Lady Gregory kennen. Diese beiden ungeheuer aktiven und anregenden Menschen beeinflußten seine Zukunft als Schriftsteller entscheidend.
Für die Eröffnung eines Theaters in Dublin konnte die Genehmigung erst auf dem Weg über das englische Unterhaus erreicht werden. Am 8. Mai 1899 fand die erste Vorstellung des »Irish Literary Theatre« statt. Ausdrücklich hatte es sich die Wiedererweckung der reichen keltisch-irischen Vergangenheit in Geschichte und Mythe zur Aufgabe gemacht. Die politischen Kräfte Irlands, die um die Unabhängigkeit Irlands kämpften, mußten von einer Bühne mit einem derartigen Programm fordern, daß sie sich ihren rein politischen Zielen unterwarf. Yeats und Lady Gregory aber ging es darum, dem irischen Volk seine Kräfte und Möglichkeiten durch hohe Kunst zu zeigen. An einer politischen Definition des irischen Nationalcharakters konnte ihnen nichts liegen.
Mit diesem Theater, das unter dem Namen »Abbey-

Theatre« dann jahrzehntelang in eigenartigem Wechselspiel mit den immer heftiger aufflammenden nationalistischen Bewegungen Irlands stand, ist die künstlerische Entwicklung Synges eng verknüpft. Er stand zeit seines Lebens in innigstem Kontakt zu dieser Bühne, wurde Mitdirektor des Theaters, und hier wurden, vor allem mit den Schauspieler-Brüdern Fay, seine dramatischen Arbeiten auf der Bühne verwirklicht.

Synges fünf Theaterstücke (In the Shadow of the Glen – In der Nebelschlucht, 1903; Riders to the Sea – Reiter ans Meer, 1904; The Well of the Saints – Die Quelle der Heiligen, 1903; The Playboy of the Western World – Ein wahrer Held, 1907; The Tinker's Wedding – Die Hochzeit des Kesselflickers, 1908) sind aber nicht nur von der Sprache der irischen Bauern getragen – auch ihre Fabeln und manche stoffliche Details lassen sich in den Aufzeichnungen von den Aran-Inseln entdecken.

Nur drei der Stücke liegen bisher in deutscher Übersetzung vor: The Playboy of the Western World – Der Held der westlichen Welt, übertragen von Peter Hacks, Riders to the Sea – Reiter ans Meer, übertragen von Norbert Miller und The Tinker's Wedding – Kesselflickers Hochzeit, übertragen von Erich Fried. Die drei Übersetzungen sind enthalten in dem Band John M. Synge, Der Held der westlichen Welt und andere Stücke, Frankfurt 1967 (Bibliothek Suhrkamp, Band 195). Auf die ersten beiden sei hier andeutend eingegangen.

Der Einakter »Reiter ans Meer« spielt in einem Haus, welches wohl auf Aran vorgestellt werden kann (als

Ort der Handlung ist angegeben: Eine Insel im Westen Irlands): ein Wohnraum mit offenem Dachstuhl, einem Torffeuer und Fischergerät. Die alte Frau des Hauses hat fünf Söhne und ihren Mann durch das Meer verloren. Der fünfte Sohn war verschollen und ist gerade am Festland angetrieben worden. Durch seine Kleider und Strümpfe, die herbeigebracht worden sind, kann er von seinen Schwestern identifiziert werden. Der letzte Sohn verunglückt nun auch – die alte Frau hatte es vorhergesehen. Sie konnte ihn nur warnen auszufahren, traf ihn dann nochmals auf seinem Weg zum Meer, und auf einem Fohlen hinter ihm ritt sein gerade ertrunkener Bruder in neuen Kleidern und Schuhen. Es ist nun faszinierend zu beobachten, wie Erlebnisse und Geschichten aus den Berichten von den Aran-Inseln in dieses poetische Stück eingegangen sind. Im vierten Teil des Berichtes (Seite 168) wird das Begräbnis eines jungen Mannes geschildert, über dessen Tod Synge später Einzelheiten erfährt (Seite 175), so etwa, daß dieser beim Verladen von Pferden sein eigenes Pferd zuerst einfing, was Unglück bedeutete. Auch von dem Erscheinen eines Toten in neuen Kleidern wird wenig später erzählt. Wie häufig der Untergang aller Männer einer Familie auf Aran war und wie dies aufgenommen wurde, schildert Synge im dritten Teil (Seite 134). Dort erzählt er auch davon, wie ein Toter von seiner Schwester durch eine seiner Pampooties, der Sandalen aus Kuhfell, identifiziert wird. Der »Keen«, die fast archaisch-heidnische Totenklage, erfüllt die Schlußszene von Riders to the Sea. Ihn erlebte Synge selbst zweimal auf den Inseln (Seite 48, 168). Auch die Keimzelle des Stückes »Ein

wahrer Held« liegt in einer Geschichte, die Synge auf den Inseln erzählt wurde: Ein Vatermörder, der vor der Polizei auf die Inseln geflohen war, wurde von Verwandten dort in einem Loch (und zwar in der keltischen Befestigung, dem Dun Conor) verborgen und schließlich nach Amerika in Sicherheit gebracht (Seite 76).
Es ließen sich viele solcher unmittelbaren bildlichen und sprachlichen Übernahmen aus den »Aran-Inseln« benennen, denn nie wieder lebte Synge so eng wie auf Aran mit den Fischern und Bauern zusammen. Obgleich er später noch mehrere Fahrten durch die bäuerlichen Gegenden seines Vaterlandes unternahm, bot sich nie mehr die Gelegenheit wie hier, die Sprache dieser Menschen bei allen Ereignissen ihres Tageslaufs genau aufzunehmen.
Bleibt noch ein Wort zu den Erzählungen zu sagen, die Synge in dem hier vorliegenden Bericht aufgezeichnet hat. Sie stammen in der Hauptsache vom alten Mourteen und von Pat Dirane. Vergleicht man sie mit einer im Deutschen vorliegenden Ausgabe irischer Märchen (»Irische Volksmärchen«, Düsseldorf 1962), so sind die Parallelen der Fabeln, Motive und auch mancher Details evident und zeigen, wie sehr noch die alten Geschichtenerzähler auf Aran in einer lebendigen Tradition standen. So erzählt Pat Dirane von dem Sohn einer Witwe, der nach Kämpfen mit drei Riesen eine Königstochter vor einem Seeungeheuer rettet und sie heiratet. Dieses Märchen gibt es unter dem Titel »Der große Narr aus Cuasan« auch in der »großen« Märchenliteratur des Landes. Dort haben die Märchen auch sehr häufig die paradoxen, »unsin-

nigen« (wie Synge sie nennt) Schlußformeln: »Es waren nur Schuhe aus Papier und Hosenträger aus dikker Milch.« Synge gibt davon selbst zwei Beispiele: »Sie haben den Weg, ich habe nur die Pfütze...« (Seite 110), und die an den Autor gerichteten Worte des Erzählers: »Mögest du leben, bis sie dir einen Sarg aus einem Stachelbeerstrauch machen oder bis du im Wochenbett stirbst« (Seite 207).

Schon 1826 ließen die Brüder Grimm ihre Übersetzungen von T. Crofton Crokers: »Fairy Legends and Traditions of the South of Ireland« (1825) unter dem Titel »Irische Elfenmärchen« in Leipzig erscheinen. Liest man das umfangreiche Vorwort der Brüder Grimm zu diesem Buch, so entdeckt man unter den dort beschriebenen Eigenschaften der Elfen viele, die uns in den Erzählungen der Bewohner von Aran über diese Wesen gleichfalls begegnen. Noch um die Jahrhundertwende waren sie für die Menschen der Aran-Inseln wirklich vorhandene Wesen.

In Synges Aufzeichnungen von den Aran-Inseln wirkt nicht nur das Mitgeteilte, dessen Kraft man sich nur schwer entziehen kann – in einer eindringlich-einfachen Sprache spricht hier ganz unverkennbar ein Dichter, dessen sich schärfendes Auge und dessen Gefühl für die elementaren Ereignisse um und in den beschriebenen Menschen sich bei aller Zurückhaltung seiner Person unmittelbar mitteilt. Aus dem Erlebnis der drei einsamen Felsen im Atlantik wurde ein dramatischer Dichter geboren. Synge starb 38jährig 1909 in Dublin. Im angelsächsischen Sprachraum galt er bald als einer der bedeutendsten Dramatiker unseres Jahrhunderts. Obgleich schon zu seinen Lebzeiten eines seiner Stücke in Berlin zur Aufführung kam, konnte sich Synge trotz vieler Versuche, ihn bekannt zu machen, auf deutschen Bühnen nie recht durchsetzen. Der hier vorliegende Bericht von seinen Erlebnissen auf den Aran-Inseln könnte dazu beitragen, das Interesse und Verständnis für seine Stücke auch bei uns zu verstärken, da in diesen Aufzeichnungen die Atmosphäre seiner poetischen Sprache, deren dramatische Wirkung sich anscheinend in Übersetzungen nur schwer mitteilt, und die Stoffe seiner Bühnenstücke aus ihren landschaftlichen Quellen verständlich werden.

Christian Grote

Englische Literatur in der edition suhrkamp und in den suhrkamp taschenbüchern

Susanne Amrain: So geheim und vertraut. Virginia Woolf und Vita Sackville-West. Erstausgabe. st 2292

James Graham Ballard: Hochhaus. Roman. Aus dem Amerikanischen von Michael Koseler. st 1559

Samuel Beckett: Gesammelte Werke in Einzelbänden. Elf Bände in Kassette. st 2401-2411

– Endspiel. Fin de partie. Endgame. Deutsche Übertragung von Elmar Tophoven. Französische Originalfassung. Englische Übertragung von Samuel Beckett. st 171

– Glückliche Tage. Happy Days. Oh les beaux jours. Deutsche Übertragung von Erika und Elmar Tophoven. Englische Originalfassung. Französische Übertragung von Samuel Beckett. st 248

– Das Letzte Band. La dernière bande. Krapp's Last Tape. Deutsche Übertragung von Erika und Elmar Tophoven. Englische Originalfassung. Französische Übertragung von Samuel Beckett. Mit Szenenphotos. st 200

– Murphy. Roman. Aus dem Englischen von Elmar Tophoven. st 2403

– Der Namenlose. Roman. Übertragen von Elmar Tophoven, Erika Tophoven und Erich Franzen. st 536

– Warten auf Godot. En attendant Godot. Waiting for Godot. Deutsche Übertragung von Elmar Tophoven. Vorwort von Joachim Kaiser. st 1

– Watt. Roman. Aus dem Englischen von Elmar Tophoven. st 46 und st 2404

– Wie es ist. Deutsch von Elmar Tophoven. st 1262

E. F. Benson: Der Mann, der zu weit ging. Gespenstergeschichten. Aus dem Englischen von Michael Koseler. st 2305

Algernon Blackwood: Rächendes Feuer. Phantastische Erzählungen. Ausgewählt von Kalju Kirde. Aus dem Englischen von Friedrich Polakovicz. Erstausgabe. st 2227

Edward Bond: Jackets oder Die geheime Hand. Deutsch von Brigitte Landes. September. Deutsch von Manfred Weiß. Notizen zur Postmoderne. Essay. Deutsch von Brigitte Landes. es 1970

– Männergesellschaft (In the Company of Men). Ein Drama. Aus dem Englischen von Brigitte Landes. es 1913

Charlotte Brontë: Jane Eyre. Eine Autobiographie. Aus dem Englischen von Helmut Kossodo. Mit einem Essay und einer Bibliographie herausgegeben von Norbert Kohl. st 2342

Antonia S. Byatt: Besessen. Roman. Aus dem Englischen von Melanie Walz. st 2376

115/1/7.95

Englische Literatur
in der edition suhrkamp und
in den suhrkamp taschenbüchern

Antonia S. Byatt: Die Verwandlung des Schmetterlings (Morpho Eugenia). Roman. Aus dem Englischen von Melanie Walz. st 2503

T. S. Eliot: Werke. Band 1: Die Dramen. Sweeney. Agonistes. Mord im Dom. Der Familientag. Die Cocktail Party. Der Privatsekretär. Ein verdienter Staatsmann. st 1561

– Werke. Band 4. Gesammelte Gedichte 1909-1962. Herausgegeben und mit einem Nachwort versehen von Eva Hesse. Zweisprachig. 2., revidierte Auflage mit einem neuen Nachwort. st 1567

Michael Ignatieff: Asja. Roman. Aus dem Englischen von Werner Schmitz. st 2332

Robert Irwin: Der arabische Nachtmahr oder die Geschichte der 1002. Nacht. Roman. Übersetzt und vorgestellt von Annemarie Schimmel. st 2266

James Joyce: Werkausgabe in sechs Bänden. es 1434-1439

Band 1: Dubliner. Übersetzt von Dieter E. Zimmer. es 1434

Band 2: Stephen der Held. Ein Porträt des Künstlers als junger Mann. Übersetzt von Klaus Rechert. es 1435

Band 3: Ulysses. Aus dem Englischen von Hans Wollschläger. es 1100

Band 4: Kleine Schriften. Übersetzt von Hiltrud Marschall und Klaus Reichert. es 1437

Band 5: Gesammelte Gedichte. Anna Livia Plurabelle. Englisch und deutsch. Deutsch von Wolfgang Hildesheimer und Hans Wollschläger. es 14386

Band 6: Finnegans Wake. es 1439

– Anna Livia Plurabelle. Einführung von Klaus Reichert. Übertragen von Wolfgang Hildesheimer und Hans Wollschläger. st 751

– Briefe an Nora. Herausgegeben und mit einem Vorwort versehen von Fritz Senn. Übersetzt von Kurt Heinrich Hansen. st 1931

– Dubliner. Übersetzt von Dieter E. Zimmer. st 2454

– Finnegans Wake. Deutsch. Herausgegeben von Klaus Reichert und Fritz Senn. es 1524

– Penelope. Das letzte Kapitel des ›Ulysses‹. Englisch und deutsch. Übersetzt von Hans Wollschläger. es 1106

Stanislaus Joyce: Das Dubliner Tagebuch des Stanislaus Joyce. Herausgegeben von George Harris Healy. Deutsch von Arno Schmidt. st 1046

Joseph Sheridan Le Fanu: Geistergeschichten. Deutsch von Friedrich Polakovics. st 2509

115/2/7.95

Englische Literatur in der edition suhrkamp und in den suhrkamp taschenbüchern

Flann O'Brien: Aus Dalkeys Archiven. Roman. Aus dem Englischen von Harry Rowohlt. st 2143
– Der dritte Polizist. Roman. Aus dem Englischen von Harry Rowohlt. st 1810
– Das harte Leben. Roman. Aus dem Irischen übertragen von Annemarie Böll und Heinrich Böll. st 2196
– Irischer Lebenslauf. Eine arge Geschichte vom harten Leben. Herausgegeben von Myles na Gopaleen. Aus dem Irischen ins Englische übertragen von Patrick C. Power. Aus dem Englischen ins Deutsche übertragen von Harry Rowohlt. Illustrationen von Ralph Steadman. st 986

Bernard Shaw: Gesammelte Stücke in Einzelausgaben. 14 Bände. Herausgegeben von Ursula Michels-Wenz. st 1850-1863

Band 1: Die Häuser des Herrn Sartorius. Komödie in drei Akten. / Frau Warrens Beruf. Stück in vier Akten. Deutsch von Harald Mueller und Martin Walser. st 1850

Band 2: Helden. Candida. Deutsch von Wolfgang Hildesheimer (Helden) sowie von Annemarie Böll und Heinrich Böll (Candida). st 1851

Band 3: Der Teufelsschüler. Man kann nie wissen. Komödie in vier Akten. Deutsch von Hans Günter Michelsen und Harald Mueller. Begleittexte deutsch von Ursula Michels-Wenz. st 1852

Band 4: Cäsar und Cleopatra. Historisches Drama. Deutsch von Annemarie Böll und Heinrich Böll. Mit Begleittext des Autors. st 1853

Band 5: Mensch und Übermensch. Komödie in vier Akten. Deutsch von Annemarie Böll und Heinrich Böll. Mit dem Brief an Arthur Bingham Walkley. st 1854

Band 6: Major Barbara. Komödie in drei Akten. Deutsch von Helene Ritzerfeld. st 1855

Band 7: Des Doktors Dilemma. Eine Tragödie. Deutsch von Hans Günter Michelsen. st 1856

Band 8: Heiraten. Eine Debatte. Deutsch von Dieter Hildebrandt. st 1857

Band 9: Falsch verbunden. Komödie in drei Akten. Deutsche Erstausgabe in der Übersetzung von Alissa und Martin Walser. Mit der Vorrede des Autors »Eltern und Kinder«. st 1858

Band 10: Pygmalion. Deutsch von Harald Mueller. st 1859

115/3/7.95

Englische Literatur in der edition suhrkamp und in den suhrkamp taschenbüchern

Bernard Shaw:

Band 11: Haus Herzenstod. Eine Phantasie englischer Themen nach russischer Manier. Deutsch von Hans Günther Michelsen. Mit einer Vorrede des Autors und einer Nachbemerkung. st 1860

Band 12: Die heilige Johanna. Dramatische Chronik in sechs Szenen und einem Epilog. Deutsch von Wolfgang Hildesheimer. st 1861

Band 13: Der Kaiser von Amerika. Eine politische Extravaganz. Deutsch von Annemarie Böll und Heinrich Böll. Mit der Vorrede des Autors und einem Interview. st 1862

Band 14: Die Millionärin. Deutsch von Alf Poss./Die goldenen Tage des guten König Karl. Deutsch von Christine Koschel und Inge von Weidenbaum. Erstausgaben in diesen Übersetzungen. st 1863

– Die Abenteuer des schwarzen Mädchens auf der Suche nach Gott. Eine Legende. Aus dem Englischen von Ursula Michels-Wenz. Mit einer Einführung von Eugen Drewermann. st 2544

– Unreif. Roman. Deutsch von Siegfried Trebitsch, für diese Taschenbuchausgabe revidiert. st 1226

Lisa St Aubin de Terán: Joanna. Roman. Aus dem Englischen von Ebba D. Drolshagen. st 2456

Chris Wilson: Joey Blueglass. Roman. Aus dem Englischen von Klaus Pemsel. st 2511

115/4/7.95